U0546366

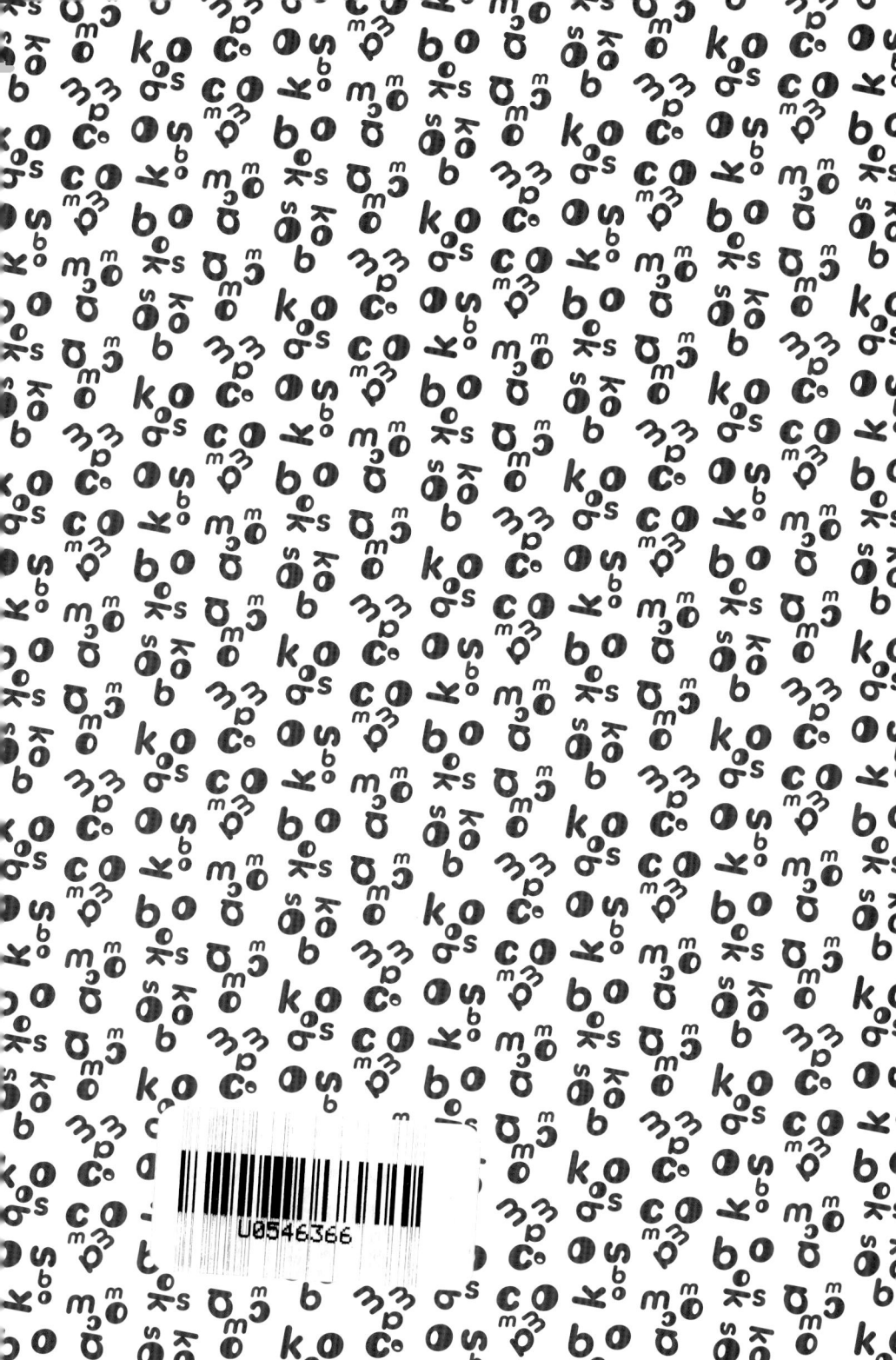

革命家的生活寶物

翁稷安——著
阿諾——繪

從新珍味餐館的大滷麵、
鳳飛飛的Mixtape
再到床頭的木刀,
閱讀史明的人生故事

革命家的生活寶物

翁稷安——著

阿諾——繪

目次

橫過山刀：一手炒大麵，一手搞革命（一九五二—一九九三） 88

序

生活中的革命者

曾有一段時間，「史明」是絕對禁忌的名字，不可以和他有任何的牽扯，否則會惹來大麻煩。他寫的書籍，你必須偷偷摸摸地閱讀；那些曾經和他接觸過的人，也必須清除所有互動留下的蛛絲馬跡，再三否認和他的關係。

曾有一段時間，「史明」是印象模糊的名字，好像不時會出現在新聞報導中，但多半帶著負面的意味，至少是那些令人感到無聊的「政治」。他和他的組織獨台會，每週都有車隊在街頭遊行，有時也會占據西門町十字路口的一角。他們賣力地鳴鑼擊鼓表達訴求，但你只想快快走避。

曾有一段時間，「史明」是充滿力量的名字，當你走上街頭表達你的憤怒，沒有料到過去那些你漠不關心的「政治」，一夕之間，讓你的生活風雲變色。你和其他人在立法院外集結，試圖扭轉一切。口號喊得大聲，但也多少有點心虛，不確定真的能有辦法帶來改變。然後你看到年老史明的身影出現，他堅毅的神情，讓你不自覺獲得鼓勵，覺得應該繼續堅持下去。

當然，也許在翻開本書的此刻，你可能從來不曾聽過史明這個人；或者完全相反，史明對你的人生有著重大的啟發，你甚至曾經有機會親自聆聽歐吉桑的教導。

人和人之間的連結，本來就錯綜複雜，擁有不同的可能，就像歷史一樣，同樣的過去，總會因為研究者或讀者各自的立場而不斷地重新解讀。不管史明這個名字對你的意義或重量，這本書都盼望能夠提供你閱讀上的收穫，可以是知性的，認識史明和他的時代；也可以純粹出於趣味，看看那些很可能在你生活周遭的器物，也曾經出現在所謂「革命者」的生活中。

要了解史明，市面上已經有破千頁的《史明回憶錄》（前衛，二〇一六）、三大冊詳實的口述訪談《史明口述史》（行人，二〇一三；二〇二三年由前衛發行修訂新版）。不同於這些書裡的嚴肅面容，我們選擇了四十件不同的物品，小至用來書寫的鋼筆，大到今日依然屹立的建築物，這些篇章裡有的輕鬆，有的沉重，但都各自扮演一小塊的拼圖，拼貼出史明人生的速寫，傳達史明作為「人」的一面，以及他身為一個人，在台灣百年來的變化中，做出的選擇與應對。

歷史是人們集體推動和締造的結果，單一個人頂多只是眾人的象徵或代表，偉人和凡人實際上並無差異，也因此唯有「人性」共通的一面，才是衡量每個歷史轉折好壞對錯的唯一標準。人性除了存在於高遠的理想或使命，更多時候其實反映在日常生活之中。你可以對史明感到陌生或恐懼，也可以因為他而受到鼓舞或溫暖，這些都是不同境遇下，人性的自然反應。如同史明反覆強調，真正的革命，絕對出於對人性的恢復，而要恢復人性，就要先尊重並了解人性的堅強與脆弱、無私與自私。

在這些看起來平凡的器物中，史明呈現的並非偉人樣貌，而是和我們分享著共同生活經驗的長者。也藉由這些日常的共鳴，我們才能進一步討論什麼是「人」應有的樣貌，我們所要恢復的人性，和最重要的，我們所要起造的國家。

沒有高調，沒有空談，唯有生活的實踐之中，我們才能成為「人」，才能成為真正的「台灣人」。

一九一八—一九五一

穿越紅潮：從日本史走進中國史（一九一八－一九五一）①

一九一八年出生的史明，成長於兩次世界大戰之間的台灣。一八九五年甲午戰爭失利後，清國與日本簽訂《馬關條約》，台灣和澎湖成為日本的殖民地，直到一九四五年二戰結束，日本宣布無條件投降，中華民國政府接管台灣。這段期間，台灣的歷史與日本密不可分，需要置於日本史的脈絡下才能充分理解。

一九一三年，日本首相西園寺公望（一八四九－一九四〇）受到陸軍杯葛下台，改由陸軍出身，明治維新元老之一長州藩出身的桂太郎（一八四八－一九一三）組閣。此事在日本政界引發軒然大波，擁護憲政大會於東京召開，接連數日舉辦演說等活動，每次都聚集了數以萬計的民眾到場，形成以「擁護憲法、打倒藩閣」為號召群眾的運動，最後迫使桂太郎匆匆下台。群眾力量的崛起，成為這場史稱「第一次護憲運動」的核心動力，在接下來數年中，這股力量持續發酵。

一九一八年因為米價過高的「米暴動」，日本全國各階層的民眾紛紛走上街頭，抗議訴求由生活的困難，漸漸深化成對資本主義發展下社會財富分配不均的不滿，再次改變了日本政治。由平民出身，又是首位擁有眾議員身分的第一大黨黨魁原敬（一八五六－一九二一），接掌首相大位。這股群眾力量的最高峰，則是一九二五年日本通過普選法，二十五歲以上成年男子擁有眾議員的選舉權，出發點仍在抵制過往藩閥政治的復辟，回歸政黨政治的憲政運作。

這一連串政治變動，掀起了日本政壇一系列的民主變革，因為剛好和大正天皇（一九一二－一九二六）在位期間大致吻合，故有「大正民主」之稱。以大眾的力量為依歸，出現立憲主義、民本主義、社會主義等不同政治立場的思想和主張。政治氣氛的開放也反映在社會和文化上，未受第一次大戰波及的日本，取代歐洲成為世界的外銷工廠，經濟的繁榮促成消費社會的興起，拓展大眾文化的廣度和深度，出現了像「大正浪漫」這般強調個人解放和新時代理念的文化現象。

不幸的是，普選法的通過，卻是民主運動由盛而衰的轉折。軍部勢力始終在「大正民主」光鮮的表象之下蠢蠢欲動，尤其在昭和天皇（一九〇一－一九八九）繼任之後，權力的骨牌一面倒向這股法西斯的力量。一九三一年日本關東區占領東北的「滿州事件」（即中國史所稱的「九一八事變」），象徵軍部勢力脫離了內閣的掌控；一九三二年五月十五日首相犬養毅（一八五五－一九三二）在官邸遭到年輕軍官闖入刺殺，更是代表軍方對日本政局的完全控制，一步步將國家推向戰爭的深淵。

史明的阿嬤出生於《馬關條約》簽訂之前，又是書香世家，她以台灣本地的漢人作為認同，不只對於外來統治者日本反感，也對割讓台灣的「唐山人」感到憤怒。成長在傳統大家庭的母親，始終保持著大家閨秀的思維，連帶也影響她對史明的教育和期望。史明父親則是新一代的知識分子，在前往日本留學時，又接觸了台灣議會設置請願運動的成員。該運動主張基於立憲政治的精神，台灣應設置議會，讓台灣民眾擁有自己的立法權。史明父親儘管和成員熟識，但多半隱身幕後，和日本人也頗有私交，不過還是受到日本當局的監控，最後不得不離開台灣，前往中國尋找機會。

史明自己則是在一九三〇年代中葉前往日本求學，一方面享受著大正民主留下的餘溫，體驗現代化的物質享受，也能私下接觸馬克思主義這樣的「禁忌」，在他心底埋下左翼革命者的種子。另一方面，戰爭帶來的窒息感如影隨形，他受到世界「民族解放」浪潮的衝擊，以及阿嬤、父親等親人的潛移默化，雖然和日本人相處融洽，也未受到太多的歧視，可是被殖民者的悲哀和沉重，始終烙印在史明的心頭。

三代人的命運，無一不是台灣的縮影，處處投射著來自殖民母國的牽引和拉扯。然而，也彰顯了個人獨立於大我的能動性。從統治伊始，日本就不斷試圖同化台灣人，從內地延長主義到皇民化運動，同化力道與日俱增，但台灣人始終有著各自抵抗的方式，或許微弱而隱晦，卻始終不曾磨滅或馴化。

一九四一年太平洋戰爭爆發，戰事即將步入最慘烈的階段。一九四二年從早稻田大學畢業的史明，經由大學時期讀書會成員的引薦，決定參與中國共產黨陣營，於一九四三年前赴中國投身抗日戰爭。

一念之間，史明的前半生，早於許多台灣人，從日本史切換到了中國近現代史的脈絡。因為日本教育的背景，史明未被中共派往前線作戰，而是在上海、北平（即北京）等城市擔任地下情報員，過著看似緊張，實則靡爛的生活。他真正捲入的戰事，是中日戰爭結束後，一九四六年中共和國民黨之間爆發的內戰。這段經歷讓他幸運地躲過一九四七年的二二八事件，但也目睹了中共種種慘無人道的鬥爭和分化。始終以「人性」作為革命中心的史明無法接受中共的所作所為，毅然決定逃離中國，歷經重重艱險，僥倖回到台灣。

彼時的台灣瀰漫著苦悶抑鬱的氛圍，國民黨政府的統治，比起日本更糟，尤其是對人權的迫害。不滿現狀的史明決定起身反抗，和志同道合的同志，著手籌劃地下武裝的行動，試圖行刺蔣介石（一八八七－一九七五）。沒想到一九五一年事跡敗露，史明再次幸運躲過追捕，從基隆港偷渡到日本。

今日國家人權博物館外，以印度黑石舖設的人權紀念碑上，刻有一九四七年到一九九〇年之間，慘遭槍決、無期徒刑、獄中死亡，以及黑牢囚禁的七九七七位受難者姓名和受難時間；其中年分上塗深紅色者，代表遭到槍決，共有一一一七位。逃往日本的史明躲過了白色恐怖的劫數，但他面對的是數十年的流放，無法返回故鄉。當時有許多人和他一樣，被迫或自願流放他鄉，也有不少人和史明一樣，即使人在海外，依舊心懷故鄉，並試圖改變台灣的處境。

① 本書三段分期的名稱，皆出自行人文化實驗室於二〇一三年所出版的三冊《史明口述史》，這套書在二〇二三年由前衛出版社發行修訂新版。要了解史明生平，《史明口述史》依舊是目前最詳實而關鍵的入門。本書雖然在年代劃分上略有出入，但大體依舊適用。副標則為本書自加。

參考文獻

- 陳翠蓮，〈大正民主與台灣留日學生〉，《師大台灣史學報》，第六期（二〇一三），頁五三—一〇〇。
- 坂野潤治，《近代日本政治史》，台北：五南，二〇〇八。
- 竹村民郎，《大正文化：帝國日本的烏托邦時代》，台北：玉山社，二〇一〇。

No.
01

木刀

史明的床旁邊放著一支木刀（ぼくとう），靜靜靠著床頭櫃。木刀旁就放著他晚年慣用的枴杖，一為傷人，一為助人，目的完全不同的兩者，卻像夥伴相依在一起。也由拐杖可以推斷，這把木刀放在史明伸手能立即拿起的位置。

「木刀」對台灣多數人來說，是既陌生又熟悉的存在，大概沒有多少人，曾經在生活中實際握過或見過木刀。雖然木刀完全不屬於日常的事物，但又並非一無所悉，透過大眾娛樂的傳遞，木刀在許多人心中最鮮明的印象，就是暴走族必備的武器。以電玩為例，從古老紅白機的《熱血硬派》到大型街機的《街頭快打》，再到後來的《人中之龍》，木刀都是這些「不良」人士隨身必備的道具之一。

21 木刀

然而，木刀的發明，並不是為了逞凶鬥狠，古代日本將木刀當作武士刀的替代品，用來練習劍道。但因為厚實的木刀還是可能取人性命，日後逐漸改用竹刀。不過木刀的手感更接近真刀，學習劍道的人仍然會用木刀練習運刀的「形」，掌握所謂的「刀理」。即使明治維新後，武士不復存在，人們不再汲汲追求劍道的技與藝，揮舞木刀還是能當作強健體魄的運動，在日治時期的台北州廳，就一度鼓勵職員在中午參加入木刀體操的練習，在烈日下頭綁「鉢卷」（即和服的頭巾，上面多印有標語），集體揮舞著木刀，一掃工作積累的暮氣。①

床旁放置木刀的史明，不是為了要狠，也不是為了強身，而是為了防身。那是作為革命者必備的警覺，一旦有人趁睡眠時闖入，立刻能夠舉起木刀反擊，甚或因此逃過一劫。史明曾在回憶錄提及，一九四九年剛從中國逃回台灣時，有一天半夜，憲兵、警察和便衣特務共二十幾個人，突然來到家裡臨檢，先是猛踹木門，入門後翻箱倒櫃，「把每個抽屜都拉開，裡面的東西全部甩出來，連床下都用槍上的刺刀去探一探，看是不是有人躲在裡面，然後要家裡人都集合起來，一個個核對戶口。」②雖然不知道史明從何時養成在床邊擺放木刀的習慣，但或許多少受到這次騷動的影響。

無論如何，這把木刀說明著史明所冒的風險，投身革命絕非請客吃飯，一刻都不能鬆懈，要隨時有朝不保夕，與人性命相搏的覺悟。

據說德川時期的劍豪宮本武藏也擅長使用木刀，傳說中的巖流島決鬥，武藏就是使用船槳削成的木刀，擊殺了強大的宿敵佐佐木小次郎。不知道為什麼，看著史明留下的這把木刀，總會忍不住會將史明代入武藏的身影，奮力躍起，將強敵一刀斃命。

---

① 〈能率増進に 後鉢巻の木刀體操 台北州廳での試み〉，《台灣日日新報》（日文版），一九三八年一月二十五日，第七版。

② 史明，《史明回憶錄》（台北：前衛，二〇一六），頁四一七－四一八。

No.
02

香爐

在新珍味樓上史明的工作區域一角，擺放著一個香爐，後方擺設著史明親人照片。細看整體的擺設，頗為講究。香爐是公媽爐，前方置有酒杯，兩側各別放置了燭台，已經是簡易版公媽案桌的規模。

「公媽」在台語中，可以解釋為逝去的祖輩先人，公媽案桌就是在家中祭祀先人的供桌，通常會以神主牌位為中心。神主牌位是先人魂神依附之所，傳統有三魂七魄的說法，台灣民間相信人去世後，每七天散去一魄，直至七七四十九天後七魄完全散去。三魂中，第一魂若亡者在世時行善積德，就會升上天庭成神，若作惡多端則會下地府接受審判；另一魂則隨遺體入於墓中；最後一魂則附於家中神主牌位，接受親人或後代子孫的供奉。

在祭祀祖先的案桌上，經常會擺放五件禮器，稱為五供，分別是燭台、花瓶各一對，與香爐一座，其中燭台和香爐尤為重要。一對燭台比喻乾坤、日月與雙眼，燭火的光明也象徵智慧，必須長明以供養先人。香爐則為焚香之器，由中國古代的青銅禮器「鼎」演化而來，祭祖用的公媽爐和祭拜神明的香爐，按傳統觀念不可混用。香爐的地位非常重要，象徵著香火。①在民間祭祀的習俗中，香爐地位有時還高過牌位或神像，尤其早期先民來台開墾，不見得有帶祖先牌位，故祭拜時可能沒有牌位，但一定有香爐。哪怕神明祭祀也有類似的情形，先有香爐之後才設神像、再建廟。②

史明一生灑脫，看似不拘小節，但在祭祀家人上並不馬虎，不僅該有的禮器一應俱全，照片也排列有序。分別有撫養他長大，作為整個家族支柱的阿嬤。十一歲從林家過繼給施家時的養父——舅舅音樂家施振興。五十三歲就去世的母親林施氏秀，以及入獄晚年鬱鬱寡歡的父親林濟川。一手包辦大小家務的姑姑林氏玉英，作為童養媳的她，一生命運乖舛，最後孤苦而終。還有史明的三妹林翠雲，兄弟姊妹之中，和史明最為投緣，兩人時常合唱

〈何日君再來〉，不幸於一九四三年搭船赴中國探望父親時，遭遇美國潛艇的攻擊，得年僅二十三歲。③

史明對祭祖的講究，一來是出於他對習俗一貫的看重，他曾撰寫〈士林歲事記〉，強調因為這些台灣民眾的生活習慣、文化作為基底，台灣社會才能成形，也才能在日常之中，形成台灣人的意識與認同。④因此，雖然有著鮮明的左翼革命者形象，但史明和中共的作風完全不同。

他在中國華北那段時間，曾看到許多佛寺內佛像都沒有頭，寺廟荒廢，忍不住詢問中共幹部發生了什麼事？對方回答是百姓在自發將佛像砍頭，呼應共產黨的教義。對這個說法，史明半信半疑，因為這和他認知的民間信仰習慣差太多了。

直到有天夜晚史明起身去廁所，偶然遇到借住的屋主全家在天井裡，偷偷拿香跪地祭拜。他們看到史明時十分驚恐，史明連忙加以安撫，並偷偷詢問：不是把佛像都砍頭了，還拜什麼呢？他們才據實回告，是中共強迫他們將佛像砍頭。

短短一句，對史明宛如晴天霹靂，徹夜未眠。因為這完全是違反人性的做法，對史明來說馬克思主義的本質就是對人性的尊重，這也成為他日後無法再追隨中共的關鍵。

除了理性的層次，虔誠祭拜先人，更

多的或許是內心的愧疚。阿嬤和父親去世時，史明已經流亡日本，無法於臨終時在旁伺候。母親去世時，正好是史明從中國逃回台灣的時期，去世時母親仍不忘責備他的不孝，辜負了她望子習醫出人頭地的期待。阿姑最後則是罹患失智症，史明甚至直到一九九三年回到台灣後，才知道她在七、八年前去世的消息。無法為長輩盡孝，在史明心底留下深深的罪惡感，雖然他相信「台灣的社會大事比私人關係要緊，為遵從公理，不惜捨棄私情」，但內心可能始終無法完全釋懷，也才會在海外的住處，擺設香爐，祭拜逝去的親人。

一九九三年，史明結束流亡生涯，返回台灣繼續推動獨立運動。同時，他在八里建造了一座約五十坪的施林家族墓地，安置施林兩家及玉英姑的骨灰，「才算盡到為人子萬分之一的責任」。⑤這項舉動，既是對家族的緬懷，也是對自身革命事業的某種平衡與告慰吧。

① 毛紹周，〈台灣家屋空間中的儀式性器物——以公媽案桌為例〉，《文史台灣學報》，第二期（二〇一一），頁二五二—二六三。

② 張珣，〈香之為物：進香儀式中香火觀念的物質基礎〉，《台灣人類學刊》，第四卷第二期（二〇〇六），頁五七—五八。

③ 史明，《史明回憶錄》（台北：前衛，二〇一六），頁一二五。

④ 史明，《史明回憶錄》（台北：前衛，二〇一六），頁七八—九九。

⑤ 史明，《史明回憶錄》（台北：前衛，二〇一六），頁一二六—一二七。

No.
03

法院

司法院司法大廈坐落於總統府南側，如同博愛特區的諸多建築，是日治時期留下的古蹟。它靜立於台北繁忙的街頭，見證著歷史的變遷。

司法大廈的前身是日本統治下的台北地方法院，是台灣最高司法機關的所在地。這座風格鮮明的建築物，於一九二九年開始興建，至一九三四年竣工，由當時總督府官房營繕課長的建築師井手薰（一八七九—一九四四）設計。原址是清朝時期供奉關公的武廟，和後來改建成台北州立第一高等女子學校（今北一女）的文廟隔街相對。將人民的精神寄託的廟宇一一改建，顯示著日本以現代化推動者之姿統治台灣的意圖。

這座建物採用日字型中軸對稱的配

置，和總督府的格局相似。設計上則受到歐洲現代主義浪潮的影響，捨棄了古典主義的華麗與雕琢，改採簡潔、清楚的風格，雖然外觀還是有圓拱門、希臘柱與拱窗等文藝復興式的細節，但線條多已簡化。最引人注目的是中央高塔，採用抹邊八角形屋頂，屋頂四周呈波浪曲線，有些近似中國式寺廟鐘鼓樓的盔頂，塔樓正面則鑲著象徵日本的菊花紋章，替整棟大樓添加高高在上的威嚴，象徵著司法的威望。一九五〇年，國民政府將司法院和最高法院遷入此處，改名為司法大廈，正面的菊花紋章換成時鐘，並陸續加以增建。近百年經過，這棟建築成為國家古蹟，不只因為興建的年代，更因為它體現著從日本到民國，台灣法律的變遷。①

史明兒時經常出入法院，推測應該就是這棟大樓，進出的原因是他的阿嬤和阿妗（舅媽）之間的官司。阿嬤是施家的當家，性格相當傳統，因為很疼愛史明的母親，所以在史明父母結婚時，蓋了一棟新屋與新人同住。史明出生後，就一直由阿嬤照顧直到十九歲。史明的舅舅施振興，是自小被阿嬤抱回來的養子，原本應該要繼續家業的他，因為愛好音樂在一九二五年前往東京留學，不幸罹患腹膜炎，在那時候幾乎等同於絕症。完全不會日文的阿嬤一人遠赴東京，把舅舅接回台灣醫治，但一年後舅舅還是不幸離開人世，留下舅媽和去世後兩、三個月才出生的遺腹子。

在舅舅去世前幾個月，阿嬤先是將史明過繼給舅舅做養子，又請來法定公證人，制定了親權書，將施家財產的支配權都置於阿嬤之名下監管。這些舉動自然引起阿妗的不滿，在舅舅去世後，她將還在襁褓中的遺腹子小弟從乳母家偷偷抱回娘家，並向日本檢察廳提出控告，指稱史明的阿嬤私自偷刻印鑑，偽造親權書，侵占了小弟名下施家的財產。

依當時慣例，刑事的被告多會以刑事犯當庭收押，再行審問。阿嬤一人坦蕩蕩帶著史明一起出庭，法庭上檢察官身著法服坐在庭上的最高處，中間則是口譯，再下才是被告的阿嬤，史明則是坐在最下層的板凳。

檢察官以溫和的日語開場，話未說完，口譯就以台語大聲訓斥：「為何偷刻印章？」試圖威嚇阿嬤認罪。面對這樣的質問，沒有出庭經驗的一般人，往往容易嚇到被迫認罪，沒想到史明阿嬤用那纏足過後的小腳往地板一蹬，大聲反問：「你們有什麼證據？拿出來！天地良心，我沒有就是沒有。」現場氣氛瞬間凝結，連口譯都沒料到這樣的局面。年幼的史明忍不住哭了起來，阿嬤反倒回過頭叫史明「毋免驚！」檢方可能也受到阿嬤理直氣壯的態度影響，宣布休庭，沒有將阿嬤當庭收押。

這件官司持續了六年，前後出庭十幾次，阿嬤都要求施家長孫的史明一同出席，甚至還向學校請假。史明也就一次一次看著阿嬤在法庭上奮戰，不只敬佩，也在阿嬤以身作則下，養成了據理力爭的堅持和勇氣。六年後老祖母全面勝訴，阿妗將六歲的幼子送回，和施家從此斷了關係。[2]

史明和阿嬤有著深厚的感情，不論在口述訪談或回憶錄，都可以看到許多關於阿嬤的回憶，包括來自她做人處事的身教、如何啟迪年幼史明的民族觀念、偷偷前往東京留學時阿嬤的包容，以及當他流亡海外時對阿嬤的思念……每一則故事都十分動人。但史明周圍的人，似乎都很喜歡談起這則在法庭上不畏權力的軼事，每個人講起來都活靈活現，宛如親眼目睹了阿嬤在法院裡的一蹬。

這則故事本身戲劇性十足，也可能因史明生動的講述而更顯精采。在那次法庭攻防中，史明意識到司法可能成為不公不義的威嚇工具，也明白了人必須挺身捍衛自身權利的重要性。

小弟回家後，因成長背景差異，常遭周圍孩童欺負，史明時常為他與親族或鄰里孩子發生衝突。阿嬤見他自小就照顧弟妹，常對他說：「阿暉仔，你的命底是注定六親無情，你什麼都要差不多（適可而止）才好。」如果說史明從阿嬤身上看到自己一生的榜樣，那麼阿嬤則在史明的性格中，預見了他日後的漂泊人生。

①〈司法大樓介紹〉，台灣高等檢察署，網址：https://www.tph.moj.gov.tw/4421/4543/4589/29720/ 瀏覽日期：二〇二四年八月二十六日。〈司法大廈小檔案〉，司法院，網址：https://www.judicial.gov.tw/tw/cp-4-12-84ddf-1.html 瀏覽日期：二〇二四年八月二十六日。

②史明，《史明回憶錄》（台北：前衛，二〇一六），頁六二－七七、一一九－一二三。

No.
04

建成小學校

在台北市繁華的長安西路上，一棟紅磚建築以其復古風格吸引著路人目光。這就是台北當代藝術館（MoCA Taipei），其前身可追溯至日治時期的建成小學校。建築前方的廣場上，大型裝置藝術為都市叢林中的人們帶來一絲驚喜，彷彿進入另一個時空。

這棟建物是日治時期知名的日本建築師近藤十郎（一八七七—一九四六）設計，於一九一九年落成。東大建築科畢業的近藤十郎，於一九〇六年來台，參與了多項重要建設，而這棟建築是其代表作之一。①建成小學校最早名為台北詔安尋常小學校，在一九二二年後更名為「建成」。②

日治時期台灣初等教育基本上採以「種族」區分的雙軌制，日本孩童就讀「小

學校」，台灣孩童就讀「公學校」，小學校基本上就是日本學制的延伸。一九二二年改以日語能力為判別兩者的標準，小學校的學生為「國語常用者」，「非國語常用者」則就讀公學校，但實際上能進入小學校的台灣學童非常有限，③史明就是其中之一。

原本就讀士林公學校的史明，於二年級時轉學至建成小學校，由一年級重新讀起。會轉學是因為母親的期許，希望他未來能成為醫生。小學校當時被認為教育程度較佳，日後進入中等學校，進而習醫的可能性也比較高。在經過嚴格的筆試和口試後，史明考進了建成小學校，入學時還有段小插曲，因為史明父親林濟川曾發表過反日的言論，差點無法通過總督府的身家背景審查，但因當時校長後藤止惜才，提出降級入學的折衷方式才順利入學。

母親對於史明轉入小學校十分開心，馬上帶他到台北榮町（今衡陽路）新高堂書店買課本，再到隔壁的吳服店買制服。入學典禮當天，則由父親陪同參加，看到父親堂堂正正和日籍老師應對的態度，讓史明相當自豪，立志要好好地學習。

小學校的台灣人不多，史明觀察，一屆差不多三、四個人左右，但不論師長或同學之間，都沒有歧視或排擠台灣學生。主任老師松山利治先生雖然很常提起武士道精神，以及他在軍旅生涯的訓練，但對學生一視同仁。學生之間更不會彼此看輕，一同玩耍，午餐時也會互相交換便當的菜色。

雖然一切順利，史明以優異的成績畢業，如願考入台北一中。但一方面受到父親抗日氣息的影響，又感受到日本學生有著更好的生活條件，每個人都像「有錢家庭出身的子弟」，「穿著走動也更顯得時髦與豪華」，和台灣學子的生活背景有顯著差異。種種因素作用下，讓少年史明心中始終有著：「我是第三國民，我要反日。」的想法，這揮之不去的念頭，成為影響他一生選擇的重要關鍵。④

戰後，在台日人紛紛返日，學校如同廢校，被台北市政府徵收為辦公的場所，到了二〇〇一年才變成今日的美術館。物換星移，當年史明心中那反抗的種子，也已枝開葉散，成為大樹。

---

① 〈近藤十郎〉，Wikipedia，網址：https://reurl.cc/ky7orx 瀏覽日期：二〇二四年八月十四日。
② 台北當代藝術館，網址：https://reurl.cc/WNzZ7L 瀏覽日期：二〇二四年九月二十二日。
③ 周婉窈，《少年台灣史》（台北：玉山社，二〇一九），頁一四五。
④ 史明口述史訪談小組編，《史明口述史》（台北：行人文化實驗室，二〇一三），第一冊，頁四二—四五。史明，《史明回憶錄》（台北：前衛，二〇一六），頁一四〇—一四九。

No.
05

北一中

一九三二年，十五歲的史明從建成小學校畢業，考入台北州立台北第一中學校，簡稱「北一中」。學校在一八九九年創立，當時名為台灣總督府國語學校第四附屬學校，招收來自日本本國的日本人，以培養公私機關行政人員為目的。一九〇七年在原址設立了台灣總督府中學校，一九二二年配合總督府公布的〈新台灣教育令〉，改為台北州立台北第一中學校。這道教育令強調中等以上教育設施（師範除外）開放「內台共學」，「內（地）」指的是日本人，台灣和日本的學制趨於一致，中學校修業年限為五年，畢業後在台灣可以再報考高等學校、高等農林、高商、高工、醫專，或者赴日留學。

表面上這個制度似乎一視同仁，但每

年實際能進入北一中就讀的台灣人非常有限，在北部的台灣學子，多數還是進入台北州立台北第二中學校，①為了讓史明報考北一中，他的母親還請來《台灣新民報》的記者許炎亭擔任家庭教師，史明每週都要去他家上兩、三次課，可以推想應考的壓力。所以史明能一畢業馬上擠進北一中的窄門，不管是家人或史明自己，都覺得非常驕傲。②

從小學校到中學校，這條升學之路的安排，主要出自母親對史明的期待。母親林施氏秀生於一八九八年，獨生女的她是家中的掌上明珠，阿嬤從小就請漢文教師到家裡替她上課，一直延續到婚後，這對當時女性來說極為罕見。史明的阿嬤非常疼愛這個女兒，婚後仍在經濟上給予很大的支持，依史明的回憶，母親一直過著「傳統封建大家庭富裕千金」的生活，不需操持家務，常常帶著年幼的史明在大稻埕購物。

正因為觀念保守，望子成龍，母親對童年時期史明的教育十分嚴格，不惜以體罰教導史明算數和書法，希望他能一路考進醫學校當醫生，成為街庄的上流人物。③

進入北一中後，史明每天從士林通勤上學。他最喜歡的科目是歷史，不管是日本、台灣或世界歷史，課餘時也會找歷史書來讀。父親定期購買的雜誌，恰好滿足史明偏好文史的傾向，讓他養成了一生定期閱讀《文藝春秋》、《中央公論》、《改造》等雜誌的習慣。

學校以日文授課，教師皆為日本人。這些教師多半都有些「西洋派頭」，承繼著大正民主的開放，具有自由主義的傾向。軍訓課程則完全是另一個世界，反覆傳授「忠君愛國」的軍國思想，也對體能進行嚴格操練，並且每年都會帶學生去新竹的湖口練兵場，進行為期一週的戰鬥訓練。

史明入學時，全班一千餘位學生裡，台灣人不超過五十人，日本學生多為高官或大企業家子弟，台灣人也是社會的中上階層。史明將北一中的台灣學生分為「軟派」和「硬派」，前者個性溫和，大多都認真念書，以醫生為目標，希望躋身上流社會；後者則多半帶著反骨性格，並帶有反日的台灣意識，不時和日本學生衝突。史明當然屬於硬派，有一次因為軍訓課後排隊喝水遭人插隊，和流氓氣比較重的兩、三個日本學生起了衝突，被打得面腫血流仍不退縮。

史明之所以成為硬派，除了天生的個性，也和從父親那裡接受的影響有關。尤其同一時期閱讀了矢內原忠雄的《帝國主義下的台灣》，對於殖民的不公有了初步的認識，讓他萌生反日本帝國主義的思想。這在某種程度上成為史明人生的轉折點，讓他放棄殖民社會靠習醫出人頭地的常見選擇，前往東京早稻田攻讀政治、經濟，甚至之後前往中國參加共產革命。[4]

這樣的選擇，當然讓母親大失所望。二次大戰後，面對國府接手的亂局，生活本來就很艱辛，家族的家道中落，丈夫和兒子在中國的闖蕩都以失敗告終，兩人失志回家，她自己的私房錢也因投資地下錢莊血本無歸。各種負面情緒交相作用，史明母親又罹患大腸癌，於一九五〇年去世。直到臨終前，她還責備史明為「不孝子」，成為史明一生的痛。[5]

戰後台北一中改制為建國中學，[6]即使經歷數次教育改革，這所學校還是許多父母親望子成龍的依歸。人生難料，升學之道提供的安穩，最終只是表淺而天真的假象，無法保證未來必然得以成功。更何況「成功的人」或「成功的人生」，本來就沒有標準的答案。或許就像史明的那句「台灣人要先做一個好的人，才能做一個台灣人」，要成為好人，才是真正成功的人。叛逆的少年史明，放棄了母親習醫的期望，也許不能「懸壺」，但依舊能「濟世」，以自己的方式影響著台灣。

① 史明，《史明回憶錄》（台北：前衛，二〇一六），頁一五〇—一五二。王麒銘，〈男子中學校的設立與普及〉，《台灣學通訊》，第一二五期（二〇二二），頁一二—一四。

② 史明口述史訪談小組編，《史明口述史》（台北：行人文化實驗室，二〇一三），第一冊，頁四四—四六。史明，《史明回憶錄》（台北：前衛，二〇一六），頁一五〇。

③ 史明，《史明回憶錄》（台北：前衛，二〇一六），頁一一七—一一八。

④ 史明口述史訪談小組編，《史明口述史》（台北：行人文化實驗室，二〇一三），第一冊，頁四五—五二。史明，《史明回憶錄》（台北：前衛，二〇一六），頁一五〇—一六七。

⑤ 史明，《史明回憶錄》（台北：前衛，二〇一六），頁一一九。

⑥ 葉高華，〈台北一中改名建中？〉，Medium，網址：https://link.medium.com/qjWhyeSHwMb　瀏覽日期：二〇二四年八月二十四日。

No.
06

酒樓

今天我們熟悉的「台灣料理」一詞，最早出現於一八九八年的報章中，直到二十世紀初期，才發展成獨特的飲食類型。當時台北街頭開始出現主打台菜的大型酒樓，並成為日治時期政商名流聚會的首選場所。一九二〇年代的江山樓是其中的翹楚，由吳江山於一九二一年在大稻埕開設，不惜重金打造，志在與市面上頂級的日本料理和西洋料理餐廳一較高下。江山樓共四層樓，可容納八百人，不僅菜色精緻，內部裝潢更兼具奢華與文藝氣息，並附設理髮和沐浴設施，用餐時還有台灣藝妲陪侍。台灣許多團體的重要聚會或私人宴席，都選擇在此舉辦。

江山樓最大的對手是同在大稻埕的蓬萊閣，蓬萊閣的前身是東薈芳，因江山樓

江山樓
KANG SAN LAU

崛起導致生意一落千丈，雖然蓋了新大樓，卻又陷入股東之間的糾紛，直到最後由陳水田接手，在一九三六年盛大開幕。江山樓和蓬萊閣菜色相仿，營運模式雷同，消費客群也多為政商要人。這些酒樓並不只提供宴飲的功能，也成為日本殖民支配下台灣人重要的公共空間，順應著新文化運動與其他公共活動的蓬勃發展，酒樓同時是大眾集會的公共場所。[1]

史明的父親林濟川，也是這兩間餐廳的座上佳賓。

林濟川一八九三年生於台中潭子，從小就學業優異。他以第一名的成績從台北國語學校師範部畢業，短暫在艋舺的老松公學校任教後，加入了板橋林家林本源的事業。史明父母的婚姻在士林地方上頗受矚目，象徵傳統大家族與新知識分子的結合。然而，經濟地位的懸殊和觀念上的差異，成為林濟川一生的心結。

藉由在林本源工作的機會，林濟川申請赴日進修，在日本分公司半工半讀，取得日本明治大學商科專門部的學位。史明生於一九一八年，本名是林朝暉，十一歲過繼給施家，才改名為施朝暉。父親赴日進修時，史明已經出生，只在一九二一年曾由母親帶著去東京短暫探視父親，住了兩、三個月。

林濟川在東京留學時正好是日本大正民主時期，他加入當時日本留學生組成的「新民會」，萌生反殖民的思想，雖然不是運動中的活躍分子，但和日後台灣文化協會的成員交往甚密，尤其是台中的同鄉前輩林獻堂（一八八一—一九五六）。

回台後，林濟川投身米穀產業，迅速成為業界專家，並持續參與文化協會活動。每當林獻堂到台北，林濟川常陪同在旁，一同出席江山樓、蓬萊閣的聚餐。年幼的史明也因此有機會接觸到這些反日的台灣領袖，耳濡目染，受到他們的影響。

一九三〇年代，日本對台灣的管控日趨嚴厲，反日勢力逐漸消散。林濟川也因為參與文化協會的緣故，受到日本當局監控，於是萌生離開台灣的念頭。一九三五年，他一個人逃往中國，輾轉落腳廈門，擔任當地偽臨時政府的參議兼公賣局長。一九四五年日本戰敗，一向清廉的林濟川，因為拒絕和派來接收的國民黨官僚合作貪汙，被以漢奸罪名判處十二年有期徒刑，監禁於禾山監獄。

之後國共內戰爆發，國民黨一路敗退，史明母親深怕在獄中的林濟川會有生命危險，一人從台灣攜帶二十餘條十兩金條，趕往廈門，從監獄的特務手中贖回父親。再度回到台灣後，林濟川透過舊有人脈在台灣水泥公司任職，度過鬱鬱寡歡的晚年，於一九七四年在台北辭世，享壽八十三歲。

父親過世時，史明人在日本，無法回台，也因為他在日本的革命運動，讓父親晚年不時受到國民黨特務騷擾，要他叫史明回台，更不讓他赴日。無法善盡孝道，還讓父親受累，成為史明一生的遺憾。②

或許，林濟川一生最耀眼的時刻，就是在江山樓、蓬萊閣裡，和志同道合的文協成員高談闊論，憧憬著光明的前景，沒想到，最終等待他的卻是始料未及的黑暗。這不僅是林濟川一人的命運，也是二十世紀前半數個世代台灣人的寫照。

他的忘年之交，同赴酒樓的林獻堂，於二二八事件後心灰意冷，一九四九年以暈眩為由，自我流放於日本，至一九五六年客死東京，不曾再踏上台灣。

① 陳玉箴，《台灣菜的文化史：食物消費中的國家體現》（台北：聯經，二〇二〇），頁三八—八六。曾品滄，〈從「平樂遊」到「江山樓」：日治中期台灣酒樓公共空間意涵的轉型（1912-1937）〉，《比較視野下的台灣商業傳統》（台北：中央研究院台灣史研究所，二〇一二），頁五一九—五四九。

② 史明口述史訪談小組編，《史明口述史》（台北：行人文化實驗室，二〇一三），第一冊，頁二五—三二。史明，《史明回憶錄》（台北：前衛，二〇一六），頁一〇一—一一六。

No.
07

早稻田紀念磚

史明珍藏著一塊磚。

更明確地說，是一塊老舊的水泥建材，看似從某處牆面拆除的殘料。當然，這樣的形容並不完全恰當，如果仔細看這長方形的磚石，在細節處還是經過縝密修飾和處理，並不是單純的廢棄品，而是精心保存，用來承擔歲月痕跡的紀念物。

這件物品源自早稻田大學。確切說來，這塊磚是講談社的編集長，為了出版史明日文傳記，前來拜訪史明，知道他畢業於早稻田大學，專門帶來贈送給史明的。可以想像，獲得這塊磚石時，史明開心的心情，因為「早稻田大學」對史明始終有著特殊的意義。

早稻田大學由明治維新的元老大隈重信（一八三八－一九二二）於一八八二年

創立於東京，前身為東京專門學校，學校體制仿效英國倫敦政治經濟學院等學校，旨在培育憲政體制的菁英人才，以「學問之獨立」為宗旨。

在台灣若想藉由閱讀了解早稻田大學創校時期的歷史，閱讀以史明回憶為主題的相關出版品是最佳選擇。《史明回憶錄》裡有將近百頁的介紹，《史明口述史》則設有專章，尤其前者堪稱簡明的早稻田創立史，這些都反映出早稻田大學在史明心中的重量。

史明在一九三七年考進早稻田大學，依規定先在第一學院就讀，之後進入大學部的政治經濟學部，一九四二年畢業。儘管當時中日戰爭已爆發，社會瀰漫不安氛圍，言論和思想受到限制，但剛到早稻田的他仍能感受到自由、平等的氣息。他在《史明回憶錄》裡寫道：「從我到東京後，進入早稻田大學，就是過了很自由，很平等的生活。」在校園裡，他感受不到對來自殖民地的歧視，不論日本人、台灣人、韓國人皆是同學，人人平等。無論學習或玩樂都能自己決定，讓他理解什麼是對「人」的尊重，並養成了從「人性」的觀點，看待周圍的人事物。①

在早稻田，史明度過了青春歲月，有放蕩不羈的玩樂，也有刻苦鑽研的時光。大學二、三年級時，他偶然加入了「馬克思理論讀書會」。在那個成員彼此不知姓名的祕密集會裡，讓之前就已經自己開始閱讀馬克思思想和社會主義相關書籍的史明，更加深入對馬克思主義的了解，立下了他成為革命者的志向。畢業時，放棄參加畢業典禮，直接前往中國、以非黨員的身分進入共產黨，開啟了波瀾壯闊的一生冒險。

或許，那塊磚石對歐吉桑來說，不僅代表著一所東京名門學府，更象徵著他尚為平凡青年的回憶。每道紋理都蘊含青春滋味，成為未來革命家史明的起點。

---

① 史明口述史訪談小組編，《史明口述史》（台北：行人文化實驗室，二〇一三），第一冊，頁六五—六六。史明，《史明回憶錄》（台北：前衛，二〇一六），頁二二五—二二六。

No. 08

蕎麥麵店

「神田藪蕎麥」（かんだやぶそば）是史明的愛店，來到東京，只要有空，他都會特地前往用餐，並且招待同行的夥伴。凡是曾與歐吉桑同遊東京的人，都對這間店留有深刻的印象。

店址位於東京千代田區，從淡路町站步行約五分鐘即可到達。提起蕎麥麵店，人們可能會聯想到普通的日式餐館，但神田藪蕎麥的外觀卻是出人意料之外的氣派。它是一座兩層樓的庭園宅邸，傳統的日式木造建築，以濃密的灌木樹叢為屏障，和熙攘喧囂的東京市區相隔。綠意盎然的外牆上懸掛著日文「やぶそば」的舊招牌，入口處則有刻著漢字「藪蕎麥」的直立木匾，這些古物都小心翼翼地另用鐵製的玻璃櫥窗加以保存，默默訴說著這家

店悠久的過去。

這座古色古香的建物，在二〇〇一年被東京都選為「歷史的建造物」，是名單裡少有的和式建築。① 「藪」是江戶時期老字號的蕎麥屋之一，和「更科」、「砂場」並稱為「蕎麥御三家」，一七三五年在江戶開業，內部延伸出不同的支派和分店。神田藪喬麥由堀田七兵衛創立於一八八〇年，在一九二三年關東大地震後重建，那大正「數寄屋造」（数寄屋造り）獨有的侘寂氛圍，一直保留到二十一世紀。不幸的是，在獲選歷史建物後不久，二〇一三年遭遇大火，店舖被迫重建，由木造改為鋼骨結構，但仍盡力保留了原有的風貌。②

近一百五十年的老店，餐點簡潔而精緻，以蕎麥麵為主，搭配簡單的配菜，頂多因應時令推出不同蕎麥麵套餐組合，並有日本酒、啤酒和燒酎等可供搭配。口味如同老店的風雅，每道看似樸實的料理，都凝聚了匠人追求完美的心血。

對史明而言，神田藪蕎麥的意義遠超出美食本身。在他就讀早稻田大學期間，這裡是教授課後招待學生用餐飲酒的地方，是思想自由交流、暢談未來的沃土。

雖然這些聚會沒有留下文字記錄，但《史明回憶錄》生動描繪了類似的場景：陽光明媚的午後，學生不願結束一天的時光，或是野餐，或是漫步新宿繁華的街頭。在這些聚會裡，「開口學問獨立、自由民主，閉口浩然正氣、大器晚成等等，早大學生慣用的大題目」。③當年在神田藪蕎麥的青年史明，應該也是和同學高談闊論著如何改革時代吧。

晚年重返神田藪蕎麥時，對史明來說，或許不僅是一次懷舊之旅，更是一次人生的確認，確認自己不負那恣意的青春。

① 〈都の歴史的建造物　東京・神田の老舗5店選定　大正期などの木造建築〉，《東京朝刊》，二〇〇一年三月九日，頁三一。

② 〈藪（蕎麦屋）〉，Wikipedia，網址：https://reurl.cc/Yqlqlo 瀏覽日期：二〇二四年七月三十日。

③ 史明，《史明回憶錄》（台北：前衛，二〇一六），頁二四七。

No.
09

唱盤

無論是在日本的新珍味，還是台灣新莊的史明文物館，總有一樣不可或缺的物品——黑膠唱盤機。台灣展示的是一台簡約的現代唱盤，置於史明的床頭；而東京則陳列了一套完整的古董級音響設備。後者雖歷經歲月洗禮，卻保存完好，儘管現今被安置在小隔間的櫥窗裡，外觀依舊給人一種隨時可以播放的錯覺，想像著悠揚的樂聲從喇叭中流淌而出，縈繞在新珍味四樓史明的工作空間，令人神往。

黑膠唱盤的誕生，可追溯至「發明大王」湯瑪斯·愛迪生（Thomas Edison，一八四七－一九三一）一八七八年發明的留聲機（Phonograph）。這台機器將錫箔包覆在金屬圓筒上，橫置於支架，利用針尖在錫箔上刻錄或讀取波紋，靠手動搖轉

BEETHOVEN

來錄音或播放。雖然設備簡陋，音質也不盡理想，但它開創了人類捕捉無形聲音的先河，為人與聲音的互動開啟了嶄新篇章。

在愛迪生的基礎上，一八八七年德國工程師柏林納（Emile Berliner，一八五一－一九二九），將留聲機的唱針從圓筒的垂直式移動，改成在圓盤唱片上的水平移動，之後他又發明了以蟲膠（Shellac）為原料的圓盤唱片，成為黑膠唱片的原型。蟲膠唱片的轉速為一分鐘七十八轉，所以也稱為「78轉唱片」，直徑為十英寸。一張蟲膠唱片一面僅能錄製三至五分鐘，再加上重量較重，容易脆裂，保存不易。

為了克服這些缺點，一九三〇年美國廣播公司（Radio Corporation of America，RCA）旗下的勝利唱片公司（RCA Victor）推出直徑十二英寸的圓盤唱片，成功延長了錄製時間，但因為遇上大蕭條和二次世界大戰，再加上唱片播放設備價格高昂，並未能成功拓展市場。

直到二次大戰後，一九四八年哥倫比亞唱片公司（Columbia Records）在美國市場推出由匈牙利工程師戈德馬克（Peter Carl Goldmark）研發的 $33\frac{1}{3}$ 轉十二英寸圓盤唱片。這種唱片採用聚氯乙烯（PVC）為原料，單面可以錄製二十至三十分鐘，現代人們熟悉的黑膠唱片於焉誕生。隨著戰後全球音樂市場的蓬勃發展，黑膠唱片迅速成為風靡全球的流行商品。①

一九三七年起在早稻田大學的六年間，史明開始著迷於西洋古典音樂，當時在台灣要能接觸到音響的機會非常少，日本則不管唱盤或唱片都應有盡有，光是早稻田大學附近就有四、五間唱片店家。依史明回憶，一張十二英寸的唱片「要價大約五角銀」，一頓早餐約莫只要「花十多分」而已。為了買唱片，他用盡各種理由向家裡的阿嬤要錢，甚至還把書籍或舖蓋拿去典當換錢，可說無所不用其極。

大學時期，史明已收藏了近八千張唱片，堪稱專業玩家。有時還不惜重本，拜託店家直接從德國訂購特定的演奏版本。以貝多芬（Ludwig van Beethoven，一七七〇－一八二七）的九大交響曲為例，每一號交響曲他都有好幾張，在二〇一二年接受口訪時，他都還能記得大致的數量，命運交響曲有五張，田園交響曲有六張，第九號交響曲大概有六、七張。光是到了八十多歲還能對當年的收藏如數家珍，他對古典樂的熱愛可想而知。除了貝多芬，他還收藏巴哈（Johann Sebastian Bach，一六八五－一七五〇）、韓德爾（George Frideric Handel，一六八五－一七五九）、舒伯特（Franz Schubert，一七九七－一八二八）、蕭邦（Frederic Francois Chopin，一八一〇－一八四九）與馬勒

（Gustav Mahler，一八六〇—一九一一）等等名家作品，時常在宿舍放唱片，一聽到天亮。②

史明對音樂的熱情，不限於學生時代，也不僅是古典樂。在一九五〇年代末期，新珍味的營運走上軌道，史明開始著手撰寫《台灣人四百年史》，他也同時重拾聽音樂的興趣，只要經過唱片行，就會買下一大堆唱片。不只古典樂，他也很喜歡當時的流行樂，像貓王（Elvis Presley，一九三五—一九七七）或披頭四（Beatles），一九六六年披頭四那場著名的武道館演出，史明人就在現場。這些戰後才購買的唱片後來都也陸續帶回台灣。③

音樂和藝術是史明「心靈的糧食，生活的養分」④，美感或品味對他至為重要，讓他接觸人性的昇華，感知生活所能臻至的美好，形成某種格調。這些雖然不見得和他的革命生涯有直接關聯，卻也不時隱約出現在他革命的主張與行事之中。

無論如何，歐吉桑曾表示，在寫作時會播放輕音樂以幫助集中精神，⑤當我們閱讀《台灣人四百年史》等作品，除了細讀內容外，如果仔細聆聽，或許還能聽見字裡行間滿溢的樂音。

① 王蕓瑛，〈音聲紀錄科發展初探與博物館藏品運用——以國立科學工藝博物館藏品展為例〉，《科學博物》，第二十四卷第二期（二〇二〇），頁二八－三二。

② 史明口述史訪談小組編，《史明口述史》（台北：行人文化實驗室，二〇一三），第一冊，頁七六－七七。史明，《史明回憶錄》（北：前衛，二〇一六），頁二四九－二五三。

③ 史明口述史訪談小組編，《史明口述史》（台北：行人文化實驗室，二〇一三），第二冊，頁四二－四三。

④ 史明，《史明回憶錄》（台北：前衛，二〇一六），頁二四九。

⑤ 史明口述史訪談小組編，《史明口述史》（台北：行人文化實驗室，二〇一三），第二冊，頁四三。

No.
10

《馬・恩全集》（大月版）

擁有一整套《馬克思・恩格斯全集》（マルクス＝エンゲルス全集），對於一生醉心於左翼思想，並進一步化為革命行動的史明而言，是再自然不過的事。這套由日本大月書店出版的日文版全集，以戰後德文版的《著作集》（*Marx-Engels Werke*）為底本，由大月書店的創辦人小林直衛和翻譯大師村田陽一（一九〇八－一九九七）領銜，聚集了一群學者鑽研家共同參與。

這套被暱稱為《馬・恩全集》或《大月版全集》的巨著，龐大的翻譯過程宛如一場馬拉松，從一九五九年十月開始陸續面世，直到一九九一年才畫下句點，歷時整整三十二年。全套共四十九卷五十三冊，約四萬頁，累計發行量達驚人的

67　《馬・恩全集》（大月版）

一百四十三萬部。

試想這麼一套龐大的叢書，在印製和銷售上必然面臨極大的挑戰。如今這套書已絕版，在一九九六年曾發行光碟版，二〇一四年則推出網路版，①雖然載體不同，但資料庫附有的搜尋功能，或許會在數位時代帶來全新的閱讀體驗。如果有興趣想看看紙本的分量，除了前往圖書館，東京新珍味史明紀念館也是不錯的選擇，這套全集就和《列寧全集》一起陳列在架上，承載著思想的重量。

出版在戰後的《大月版全集》，當然不是史明第一次接觸馬克思思想的版本，他在早稻田第一學院時就開始陸陸續續閱讀共產主義有關的著作，像是《共產黨宣言》和《資本論》。進入大學後，由日本同學大柴滋夫的介紹，加入「馬克思理論讀書會」，舉辦的場所大多在學校附近，有時候會去租一個房間，或者在同學宿舍，每次地點都不相同。讀書會大約三至四小時，時間有白天也有晚上，但會盡量避開深夜，以免遭人起疑。成員都是固定的那五、六個人，當時出席讀書會盡量避免互相詢問姓名或背景，史明也多使用假名出席。

之所以如此神祕，是因為日本政府從大正時期就將共產主義和無政府主義視為非法，一九三七年隨著中日戰爭爆發，言論的管控更加緊縮。在那無人敢公開支持共產主義的年代裡，學生只能私下偷偷閱讀有關的著作。戰時日本對學生思想的監控非常嚴格，不只會跟蹤學生，也會到宿舍臨檢，尤其組織或團體更是警察和特別高等警察課（簡稱為特高，即日本帝國的祕密警察）加強監控的對象。所以讀書會只能暗中舉辦，並化整為零，切成不同的小團體進行。②

史明原本對共產思想描繪的世界就充滿嚮往，經由讀書會反覆的討論，更激起了行動的渴望，尤其身為被殖民者的「抗日」心理，他事後回想「我去中國，不是單純為了歷史上漢族情感或共產主義思想，而是因為馬克思主義反對日本帝國主義的必然性。」③讀書會的成員裡，有一位來自中國的沈姓成員，是中共派來日本從事地下工作的留學生，常找史明一起聚會，成為少數還有私下聯絡的讀書會成員。一九四二年史明即將畢業，在兩人一次喝酒的聚會裡，這位沈姓學生詢問史明是否想去中共解放區。一方面受到對方高明「統戰」技巧的誘導，另一方面則是史明滿腔難以宣洩的熱情，青年史明毅然決然決定前往中國，「堅持我反帝國主義、反殖民統治的理想，到中國、中共解放區那邊去參加抗日戰爭、實踐馬克思主義吧！」

這個決定改變了他的人生，中國的際遇也徹底改變了他對馬克思主義和中共的認識，戰前參加讀書會的青年史明，和戰後收藏《大月版全集》的中年史明已經是截然不同的兩個人，但那就是另一則故事了。

① 〈Marx-Engels-Werke〉，Wikipedia（日文），網址：https://ja.wikipedia.org/wiki/Marx-Engels-Werke 瀏覽日期：二〇二四年八月十七日。

② 史明口述史訪談小組編，《史明口述史》（台北：行人文化實驗室，二〇一三），第一冊，頁八九－九二。史明，《史明回憶錄》（台北：前衛，二〇一六），頁二七一－二七四。

③ 史明，《史明回憶錄》（台北：前衛，二〇一六），頁二七一。

No. 11

藏書目錄

政治大學的史明文庫裡，收藏著一本史明手寫的藏書目錄。這份目錄寫在日本知名辦公室文具大廠國譽（KOKUYO）經典的Campus筆記本上，這款名為「校園」的筆記本，顧名思義，就是針對大學生課堂筆記所設計，簡單耐用，在市場上長銷不衰，連在台灣都很容易買到。①封面的字跡應出於史明之手：「史明藏書目録A マルクス主義 経済」。「A」應該是這一冊的編號，理論上還有其他冊存在，可惜目前在文庫裡未能尋獲；後面則是類別，表示這一冊所記錄的是馬克思主義和經濟相關書籍。翻開內頁，首先是目錄，按個人或學說，共有十八類，包含「共產主義」、「馬克思」、「列寧」、「社會主義」、「近代經濟學」等等不同主題。這

史明藏書目錄Ⓐ
1. コミンテルン——コ
2. マルクス——マ
3. レーニン——レ
4. スターリン——ス
5. 史的唯物論と現代——史的
6. ブハーリン——ブ
7. トロツキー——ト
8. カウツキー——カ
9. ディミトロフ，プレハノフ——ディプ
10. ベルンシュタイン——ベ
11. ローザ.ルクセンブルク——ロ
12. ソ連，東欧——ソ
13. 社会主義——社
14. 宇野理論——宇
15. 河上肇，猪俣津南雄——河,猪
16. 古典派経済学. 経済学説——古
17. ヒルファ-デング——ヒ
18. 近代経済学——近
Ⓑ
19. 従属論——従
20. 民族.植民地問題——民
21. 雑
・E.H.カー，マックスウェーバー——雑
・哲学.政治——雑
・社会学——雑
・日共，日本
・その他
・詩
Ⓒ
22. 辞典——辞
23. 中国
・共産党.革命.文革関係——中共
・政治.行政関係——中政
・軍事関係——中軍
・経済——中経
・中嶋嶺雄——中
・歴史文化 他——中
・国民党との内戦.合作関係——中K
24. 台湾——台

些書籍除了少數幾本中國譯本外，大多數以日文書為主。

這份史明用來管理個人藏書的手寫目錄，是一扇窺探他思想世界的窗口。裡面有著明確的編目系統，仔細記下書名、作者和書架上的放置位置，有些條目則會用鉛筆補上譯者和出版年分。這份綱舉目張的詳盡紀錄，成為理解史明閱讀史的重要線索。以《資本論》為例，史明共收藏了五個不同的版本，除了大月書店一九八二年出版的《合本資本論》外，還包括向坂逸郎（一八九七－一九八五）、長谷部文雄（一八九七－一九七九）、河上肇（一八七九－一九四六）的譯本。其中河上肇的譯本最為特別，出版日期的紀錄是一九二七年，很可能是史明學生時期閱讀的版本。不過，目前我們尚無法斷定，這些書籍是他戰前就擁有的藏書，還是戰後於古書店所購入。

整體來看，目錄裡面的書籍多半在戰後出版，前半生飄泊的他，也只有在這時才有藏書的餘裕。從書單可以看到，中年史明對於左翼思想依舊保持著熊熊熱情。他一生對馬克思主義的理解多是自學而成，少有的例外，大概就是一九四六年在中國時，前往中共治下的解放區張家口，在今日中國人民大學的前身聯合大學裡，奉上層命令短暫學習中共版本的馬克思思想。

但在史明看來，課程內容多半是蘇聯唯物史觀和毛澤東思想的教條灌輸，和他日本時期接觸的社會主義有所不同。這樣的差異，讓史明逐漸懷疑中共的思想。尤其中共當時公開反對自由主義，而史明對左翼思潮的興趣，正是在自由與平等的延長上開展的，面對解放區裡高喊自由主義是反革命的主張，史明雖然不敢公開反對，但也感到困惑。②

在張家口的生活亦讓史明開始動搖，他看到許多帶著理想加入中共的青年，因為出身好，又曾和國民黨有過牽連，就遭到無休無止的批判，有人因此被逼得選擇跳古井自殺。③又或者在土地改革政策下，他看到所謂「人民裁判」對地主批鬥的慘況，遭鬥爭的對象被倒吊在架上，全村的人都要到場，中共強迫台下這些小農民對地主進行批判，甚至要他們一人持一武器毆打已經在架上倒吊數天的女地主。在群眾的壓力下，原本不願動手的人，最終用棍子敲破女地主的頭顱，隨後其他人輪流上陣，「有的用羊刀刺殺，有的拿剪刀剪殺，有的舉球棒打，有的割下她的耳朵、鼻子⋯⋯」。人間煉獄的場景，讓在場村民忍不住用手遮住眼睛，不敢直視。④

當天晚上，史明回到住處，心緒難平，他在心底質問自己：「馬克思哪裡有這玩意兒？馬克思不是講要恢復人性嗎？怎麼會搖身一變為這種悲慘世界？我到底在這裡要做的是什麼？我……我……，不能這樣下去了，應該要做和這個不同的解放革命！」⑤這樣的念頭在他心底逐漸發酵，終於在一九四九年化為行動，想方設法，逃回台灣，接著又亡命日本。

藏書目錄雖名為藏書，但對於歐吉桑而言，這些書籍不只是為了珍藏或炫學，它們更像是他用來重新思考、定義「恢復人性」的馬克思主義的工具，是他對曾見證過地獄的深沉回應。

①〈史明藏書目録A マルクス主義 経済〉，政大史明文庫，網址：https://reurl.cc/8Xo7Yb 瀏覽日期：二〇二四年八月十八日。

②史明口述史訪談小組編，《史明口述史》（台北：行人文化實驗室，二〇一三），第一冊，頁一四七—一五三。

③史明口述史訪談小組編，《史明口述史》（台北：行人文化實驗室，二〇一三），第一冊，頁一六二—一六三。

④史明，《史明回憶錄》（台北：前衛，二〇一六），頁二九八—三〇〇。

⑤史明，《史明回憶錄》（台北：前衛，二〇一六），頁三〇〇。

No. 12

京劇錄音帶

史明的聆聽清單裡，有一類型可能最讓今日讀者驚訝，那就是他對京劇的喜好。這種被視為「中國特色」的戲曲藝術，似乎與台獨革命者的形象格格不入。然而，綜觀史明的對美學的敏銳與旺盛的好奇心，讓他始終都對不同的藝術形式抱持著多元、開放的態度。多數人往往誤以為京劇是在一九四九年之後才隨國民黨政府來到台灣，不曉得京戲在台灣自有其發展的歷史脈絡。

在中國時，史明時常看戲，或許是因為一人在外從事情報工作，不方便再享受聆聽唱片的樂趣，再加上地下工作的聯絡處恰巧位於上海大世界戲院對面，看戲成了便利的消遣。他尤其鍾情於關公的戲碼，推崇名角筱益芳（本名林樹森）的詮

釋。此外，也對老生麒麟童（本名周信芳）「蕭何月下追韓信」的演出，留下高度的讚賞。

但史明對京戲的喜好起源更早，小時候他常常和阿嬤前往台北後火車站附近的新舞台看京戲，當時台灣人稱京戲叫「正音」。他比較有記憶的戲目，是《三國志》、《水滸傳》這類歷史故事。但他最喜歡的是演出時伴奏的胡琴，數十年經過，仍然印象深刻。①

日治時期，全台各地不時都有京戲演出，演出資訊常見諸報端，台北、宜蘭、新竹、嘉義都是重要的據點。登場的戲班多半來自於中國。就以史明熟悉的新舞台為例，在一九三〇年時，《台灣日日新報》上就登有報導，從舊曆年起開演，演出者是上海大名鼎鼎的永勝和京班，「角色齊全，布景優美」，每日都高朋滿座。②

當時稱這些來台演出的戲班，叫做「上海正音班」，從一九〇七年上海男女班來台，於日式戲場榮座演出開始，到一九三六年天蟾大京班為止，共有四十個左右的京班來過台灣，其中不乏在上海赫赫有名的名角。上海正音班劇目多樣，演出水準亦高，再加上新穎的舞台布置，廣受台灣人喜愛。但之後逐漸受歌仔戲所取代，一九三七年更因為戰爭的爆發而完全終止。③

歐吉桑曾在接受訪問時表示，看戲是他童年時的重要活動，也是他和阿嬤之間的重要回憶。所以不管人在日本或台灣，他始終都保存著完整的京劇錄音帶，「我都帶著梅蘭芳這些大明星唱的京戲錄音帶，這是我很重要的娛樂，但年輕人根本聽不下去了。」④

或許是革命者的形象太過鮮明，多數人理解的歐吉桑往往都帶有刻板印象，聽京劇是最好的例子，讓我們重新去理解史明的不同面向。

---

① 史明口述史訪談小組編，《史明口述史》（台北：行人文化實驗室，二〇一三），第一冊，頁一〇八。

② 〈新舞台正音戲題〉，《台灣日日新報》（漢文版），一九三〇年二月六日，第四版。

③ 〈上海正音班〉，台灣文學館線上資料平台，網址：https://db.nmtl.gov.tw/site2/dictionary?id=Dictionary00094 瀏覽日期：二〇二四年八月十三日。

④ 〈民國99台灣久久──看戲一百年 新舞台的時光 日治最in娛樂 竟是…看京劇〉，《中時新聞網》，網址：https://reurl.cc/zDWXgN 瀏覽日期：二〇二四年八月十二日。

No. 13

香蕉船

在一九六〇年代，台灣曾以「香蕉王國」的美譽享譽全球，這段傳奇可追溯至十九世紀末葉。一八九五年，日本占領台北城後不久，樺山資紀總督便向天皇進獻兩箱芭蕉，無意間揭開了這段歷史的序幕。八年後，基隆商人賴成發與日本郵船株式會社的都島金次郎攜手合作，首次將蕉果裝船輸往日本。到了一九二四年，台灣銷往日本的香蕉已突破十萬噸大關。

隨著台灣青果株式會社於一九二五年成立，芭蕉出口量呈現飛躍性增長，年銷量一度攀升至三十一萬噸。得益於海運優勢，基隆和高雄兩大港口搖身一變，成為這場貿易盛宴的重要舞台。即使在太平洋戰爭爆發後，一九四二年台灣蕉果產量仍維持在二十萬公噸以上，

大和丸
YAMATO MARU

展現了驚人的韌性。

一九六三年，日本首相池田勇人將香蕉納入自由貿易品項，再度引發一波台蕉輸日熱潮。與此同時，綽號「蕉神」的吳振瑞接掌青果合作社理事主席，推動產銷一體化，直接銷往日本，使台灣香蕉在日本市場的占有率飆升至九成以上。然而好景不長，一九六九年國民黨政府以貪汙罪名將吳振瑞羅織入獄，重創了台灣香蕉的外銷事業，日本市場旋即被價格低廉的菲律賓香蕉所取代。①

一九五一年史明開始台灣島內的逃亡生涯，設法尋找偷渡到日本的機會，最後選擇了前往日本的香蕉貿易船。之所以是香蕉船，而不是偷渡常見的走私小艇，史明的考量是貿易用大船船體較大，又塞滿貨物，比較容易藏身。經過調查後，他決定前往基隆，先和當地工人一起生活，相處融洽，成為「自己人」。這可能是史明最厲害的「絕活」，不管在什麼環境，他總是有辦法和人「混熟」，特別是那些在社會底層的人。

要上船就必須先取得一頂「紅帽子」。當時是工頭先向管理的警察報備今日工人人數，由警察處取得同等數量的紅帽子，戴著紅帽子的工人才能搬香蕉上船，結束後工頭再將帽子收集繳回，當作清點的依據。

他向其中一位熟識的工頭暗示自己想要偷渡日本的企圖，成功取得紅帽子後，從一九五二年初春開始，史明每天與工人一同搬運香蕉，直至五月。他與同事一同棲身於工寮或倉庫，下班後相偕在媽祖廟附近用餐，時常主動請眾人飲酒，漸漸建立起深厚的信任關係。

到了偷渡之夜，午夜時分工作結束，史明將紅帽交給一位工人，僅說了一句：「幫我把帽子拿給工頭！」對方默默收下，一切盡在不言中。史明在黑暗的船艙裡以裝香蕉的蕉籠疊出躲藏之所，在這兩米大的空間待了五天四夜，才總算抵達神戶港，開啟了人生的另一階段。②

無論合法或非法，流亡日本彷彿成為那個年代許多台灣人的命運。蕉王吳振瑞歷經多次訴訟，一九七二年被判刑兩年六個月。出獄後，他也選擇移居東京，至一九八九年才短暫返台，最後終老東京。史明在一九五二年搭香蕉船偷渡赴日，並在一九九三年潛返回台，不同的漂泊，訴說著台灣人共同的悲哀。

---

① 莊健降，〈嬌矯不驕的香蕉「香蕉王國」話說從頭〉，農傳媒：https://www.agriharvest.tw/archives/102002 瀏覽日期：二〇二四年八月六日。陳奕齊，〈台日情誼中的香蕉味〉，《蕉風》二〇一七年第二期，頁三六—四一。李旺台，《蕉王吳振瑞》（台北：鏡文學，二〇二〇）。

② 史明口述史訪談小組編，《史明口述史》（台北：行人文化實驗室，二〇一三），第二冊，頁二七—二九。

一九五二—一九九三

橫過山刀：一手炒大麵，一手搞革命（一九五二—一九九三）

一九五二年史明來到東京，開啟了人生的嶄新篇章。從街頭擺攤到開設店面，他在池袋經營起中華料理餐廳「新珍味」。新珍味成為中年史明從事革命的據點，提供穩定的經濟來源，使他得以無後顧之憂地完成代表作《台灣人四百年史》，並暗中進行對台灣的地下工作。一手「炒大麵」，一手搞革命，成為後人津津樂道的傳奇。

二次大戰剛結束，新的戰火旋即點燃。由於人們深恐如果再發生一次世界大戰，核子武器將會造成文明的末日，這次戰爭由直接交火的熱戰轉變為相互對峙、圍堵的冷戰。以代表資本主義的美國與共產主義的蘇聯為首，雙方基於意識形態的對立，展開長達四十餘年的角力。兩大陣營之間的較量，以及時有發生的區域衝突，牽動著戰後的世界。

一九五〇年代的台灣籠罩在白色恐怖的陰霾下，從中國撤退來台的國民黨政府，藉由《動員戡亂時期臨時條款》和《台灣省戒嚴令》剝奪憲法保障人民的自由和權利，並以《懲治叛亂條例》和《戡亂時期檢肅匪諜條例》編織了巨大的法網，監控著人民的思想和言行，動輒羅織各種叛亂的罪名。尤其在一九五三年韓戰爆發後，面對東亞局勢的動盪，執法和量刑變得更加嚴厲、粗暴。這四道法律宛如白色恐怖的天啟四騎士，從一九四九年到一九八七年，三十八年的時間，不分族群，至少有上萬人遭受牽連，有些人身陷囹圄，更有些人慘遭槍決。在這樣高壓的氛圍下，人們避談政治，社會失去制衡國家的能力，黨國的威權統治得到了強化與延續。

戰後的日本，背負著發動戰爭的責任與罪惡，在美國占領下的廢墟中重建。在盟軍最高統帥（SCAP）麥克阿瑟（Douglas MacArthur，一八八〇－一九六四）的授意下，昭和天皇（一九〇一－一九八九）未被當作戰犯審判，但轉而成為虛位元首，大幅淡化傳統天皇的神性，強迫走入人間。在美方主導下，以民主化和去軍事化為原則，制定了日本新憲法。相較於政治上的劇變，經濟上的蕭條直接影響了人民的生計。一九四五至一九四九年之間失控的通貨膨脹，導致景氣遲遲無法恢復到戰前水準，民不聊生。

直到韓戰爆發，日本看似絕望的頹勢才出現轉機。為了支援美軍前線，美國的軍事訂單大量湧入日本，僅一九五一至一九五三年，就有高達二十億美元的採購，約占日本出口的六成。時任日本首相的吉田茂（一八七八－一九六七），都忍不住直言這樣的機會是難得的天賜良機。

以韓戰為契機，日本於接下來的二十年迎來高速經濟成長，在一九五〇年至一九七三年之間日本的國民生產總值（GNP）年均增長率超過百分之十，一躍成為僅次於美國和蘇聯的全球第三大經濟體。除了外部因素外，日本內部自民黨的長期執政、強而有力的官僚體系、大商社的再次崛起，以及國民的積極配合，都是帶動經濟騰飛的重要關鍵。

經濟的富裕與中產階級的興起，帶來了物資和消費的渴望。一九五〇年代中期，在廣告的推波助瀾下，黑白電視機、洗衣機、電冰箱成為日本現代生活的「三神器」（源自日本皇室的三神器：玉、鏡、劍）。到了一九六〇年代中期，超過百分之九十以上的家庭都擁有了這些家電，人們又開始討論「新三神器」：汽車、冷氣機和彩色電視（又因為英文字母的開頭，稱為3C）。

以大眾為基礎的消費社會，在繁華表象下也滋生了諸多問題，如社會階級差異、環境汙染等，人們的心靈在追逐金錢中變得空虛迷茫。自一九六〇年起，日本社會的抗爭運動此起彼落。一九六八年爆發，左翼色彩濃厚的學生運動，可說是這一連串不滿的頂點，進而衍生出像日本赤軍旅這樣極左派的武裝組織。然而，社會的躁動最終仍歸於平靜，富裕而保守的氣氛主導著一九八〇年代的日本，尤其美國學者主張的「日本第一」論調，似乎預示著國家發展的光明前景。不料一九九〇年代泡沫經濟破滅，以及中國崛起所造成世界經濟和權力版圖的重組，使日本陷入了「失落的十年」（失われた10年）。低迷的經濟，讓日本長期在變革與守舊之間徬徨。

台灣的發展軌跡與日本頗為相似，韓戰爆發促使美國國會在一九五一年通過共同安全法案，開始對台灣提供經濟援助，即所謂的「美援」，在一九六五年終止之前，為台灣奠定了穩固的經濟基礎。台灣在一九七〇年代開始推動諸項重大建設，並藉由越南戰爭的機遇，經濟快速崛起，躋身亞洲四小龍之列。

經濟成長之外，由民間力量推動的民主化運動，並沒有因為統治者的打壓而止息，不同世代、背景的台灣人，嘗試用各自的方式，不惜犧牲自由乃至生命，持續挑戰著威權體制。一九八七年七月十五日，時任中華民國總統的蔣經國宣布解嚴，象徵著威權體制在內外環境壓力下不得不被迫鬆動，成為民主化進程中的重要里程碑。此後，民主的巨輪持續向前，朝著「台灣化」的方向穩步推進。

史明經營新珍味的成功，不僅源於他精湛的廚藝和獨到的商業眼光，更得益於日本經濟的快速增長，餐廳顧客源源不絕，座無虛席。與此同時，面對著台灣民主的百年追求，史明在海外提供了一條體制外的道路，試圖透過武力推翻現有體制。同一時期他撰寫並出版包括《台灣人四百年史》在內的大量書籍、刊物，為台灣獨立運動提供了思想和歷史的養分。

雖然政府宣布解除戒嚴，但威權殘餘的相關法令並未全然廢止，轉型後正義該有的樣貌依舊模糊。一九九三年仍是叛亂犯身分的史明潛返回台，結束海外四十一年的流亡，和台灣這片土地一同進入下一階段的奮鬥。

參考文獻

・李筱峰，《台灣史 100 件大事（下）戰後篇》，台北：玉山社，一九九九。
・周婉窈，《少年台灣史 二〇一九年增訂版》，台北：玉山社，二〇一九。
・Andrew Gordon 著，李朝津譯，《日本的起起落落：從德川幕府到現代》，桂林：廣西師範大學，二〇〇八。
・Herbert P. Bix 著，林添貴譯，《昭和天皇：裕仁與近代日本的形成》，台北：遠足文化，二〇一七。

No. 14

新珍味

革命者史明，最傳奇的事蹟，絕對是他一邊在日本開設中華餐廳新珍味，一邊推動台灣獨立的經過。

一九五五年新珍味餐廳在東京池袋開幕，但新珍味故事的起點，可能要再往前推十年，地點不在日本，而是在中國的北平。一九四二年取得早稻田大學學位，滿懷革命熱情的青年史明，連畢業典禮都沒有參加，倉卒坐上火車，從東京到長崎，搭上前往中國的長崎丸，展開中共地下情報員的生涯。他依著上級指派的任務，輾轉於蘇州、上海、南京等城市，在一九四五年來到了北平。

為了情報工作，史明時常進出日本大使館，漸漸和裡面的職員熟識。其中一位年紀約十九、二十歲的員工平賀協子，出

北京餃子
ターローメン
新珍味
新珍味

生於日本東北岩手縣，一九四一年，平賀為了躲避日本戰時的動盪，在親人安排下到中國工作。她擅長日本舞，雖然小史明十歲，但言談舉止落落大方。史明的形容是：「她是那種如果你邀她跳舞，就奉陪到底的女孩。」

日本戰敗後，史明詢問平賀是否想回日本，面對日本戰後未知的時局，平賀更想留在中國。史明得知了平賀的心意，問她：「妳不回去日本，是要住在哪裡？」兩人就這樣同住了。

沒有刻骨銘心的浪漫情節，史明自己承認似乎「也不像是愛情」，他說：「那個時候我們大多認為：兩個人有在一起，就可以算是彼此喜歡了。而且老實說，少年時代也不會想到喜歡或不喜歡，大家一群人，開心的話自然就會在一起。」這簡單的「在一起」看似雲淡風輕，但兩人「在一起」渡過了整個時代最激烈的變局，一起前往中共的解放區，一同逃出中國回到台灣。

史明母親看到他竟然帶著日本女孩子回來，一向對日本沒好感的她非常生氣。平賀在台灣用化名假裝是台灣人，剛到台灣時並不開心，直得重新和日本的家人取得聯絡後，整個人才恢復生氣。①

一九五二年史明搭乘香蕉貨船偷渡到

日本，剛上岸的他原本要去投靠平賀的哥哥，沒想到在路上遇到警察盤查，逮捕並起訴，暫時關在裁判所。平賀得知史明被捕，立刻向台灣警方自首是日本人，搭機前往神戶支援。最後史明被判四個月徒刑，緩刑三年，而且一度要遣返台灣，幸好在最後一刻被確認了政治犯的身分，申請到政治庇護。

過程中還有一段小插曲，擔心會遭遣返回台的史明，以刮鬍子為由，請平賀帶刮鬍刀片給他，然後偷偷把刀片縫在夾克的衣角。史明心底下定決心，如果真的遣返，他就要用刀片自刎。為了求能一次成功，他還不時用手確認頸動脈的位置。當然最後沒有走到這一步，平賀也不知道史明的計畫，否則就不會送刀片給他了。[2]

在北平的生活，除了結識平賀，史明也時常去逛餐廳，特別是去後場和廚師「跋感情」，間接也學到了幾招烹煮的訣竅。面對戰後東京一片荒蕪，史明決定以中國歸返的日本人為客群，擺攤販賣中華料理。

史明當然明白餐飲業的辛苦，曾有人勸他投資一本萬利的「柏青哥」（Pachinko）生意，他馬上回絕，理由是：「我是要為台灣獨立打拚，哪裡能做賭博生意？」選擇做料理生意，也是替日後革命的工作預備，能有個店面當作據點。

珍味從三坪大、僅六個座位的攤販起家，命名的靈感來自於「津津有味」、「山珍海味」，並且選擇在當時沒有那麼熱鬧的西池袋落腳，避開和名店競爭。史明和平賀過著非常辛苦的生活，早上五、六點起床備料，傍晚五、六店開始營業，直到午夜打烊。兩人天天睡在攤子上，沒有衛浴，只能借用山手線車站裡的公廁解決，所幸生意很好，經常有排隊的人潮。不僅還清了開店時的借貸，並在三年後買下十一坪大的店面，起先兩層樓，後來再加蓋為五層樓，成為今日新珍味的模樣。

五層樓裡一樓、二樓是店面，三樓給店員休息，並偶爾兼作員工宿舍。史明和平賀則住在只有九坪大，隔成兩個房間的四樓，也就在這個四樓的空間裡，史明完成了《台灣人四百年史》。新珍味生意非常好，全盛時期員工有十三名，每個月都能賺一、兩百萬日圓，讓史明在投身台獨革命時無後顧之憂。

重啟地下工作後，分身乏術的史明將店面全權交給平賀打理，平賀也不太過問史明在外面的活動。但看到史明不斷把金錢投入革命事業，進出的人員也越來越複雜，讓她心底越來越不安，再加她父母對這段關係一直持反對的態度，就像史明自己反省的，平賀作為日本人，始終沒有必要耗費那麼多精神在革命活動上，兩人終於在一九六三年分手。分手時，史明將新珍味地下室每個月的租金給平賀作為固定收入，直到她過世為止，並買了一間當時市價四、五百萬的房子讓她生活。平賀後來重拾日本舞的教學，史明不曾再和她聯絡，一直到很後來得知平賀得了喉癌，除了在手術後前往探望，也會在逢年過節時拜訪。③

失去了平賀，史明只好培養店長來負責新珍味的營運，最初店裡都是日本人，後來也有台灣和中國籍的員工。一九九三年史明偷渡回台，每年只回日本一次左右，以一至數週的時間整頓一下店裡的情況，人不在日本，店的運作多少還是會受到影響，不管清潔和服務都打了折扣，連帶也影響業績。二〇〇九年史明將餐廳重新裝修，二〇一〇年重新開幕，讓新珍味轉型，④並將新珍味交由主廚金田豐接手經營，依照史明的食譜為起點，加入自己的詮釋，努力將史明建立的基礎傳承下去。⑤

今日店面依舊門庭若市，熱鬧時段也不時有日本當地人在門口排隊候位，新珍味或許還會在池袋持續樹立好一陣子，紀念著史明與平賀當年的奮鬥。

① 史明口述史訪談小組編，《史明口述史》（台北：行人文化實驗室，二〇一三），第一冊，頁一三八－一四一。

② 史明口述史訪談小組編，《史明口述史》（台北：行人文化實驗室，二〇一三），第二冊，頁三二－三五。

③ 史明口述史訪談小組編，《史明口述史》（台北：行人文化實驗室，二〇一三），第一冊，頁四二八－四三五。史明口述史訪談小組編，《史明口述史》（台北：行人文化實驗室，二〇一三），第二冊，頁三九－四五。第一冊，頁一四一。

④ 史明口述史訪談小組編，《史明口述史》（台北：行人文化實驗室，二〇一三），第二冊，頁四五－四七。

⑤〈紀念台獨先驅史明 日本「新珍味」餐廳將轉型 2023.04.09〉，民視全球新聞，網址：https://www.youtube.com/watch?v=jI9EJySN24g 瀏覽日期：二〇二四年九月三日。

No. 15

餃子

一九五二年開始擺攤的史明，迅速展現他精明幹練的商業能力，他決定以中華料理吸引戰後大量由中國歸返的日本人，結合他在北京的生活經驗，主打北方麵食。在這名為珍味的攤子裡，「餃子」從一開始就是招牌品項。

所謂的餃子，實為煎餃，也就是華人社會熟知的鍋貼。這道料理幾乎可以算是珍味的起家菜，史明甚至很自豪地宣稱一九五〇年代的東京，珍味是第一家賣餃子的店，主打邊吃煎餃、邊喝高粱的中國北方情懷。①

史明的豪氣是否屬實，目前尚難斷言。餃子在日本出現的歷史頗為悠久，江戶時

期已有少數文獻提及。明治維新之後，隨著和中國接觸日益頻繁，餃子成為日本許多介紹中國料理的書籍必定會提到的菜色，也不時出現在文人墨客的中國遊記裡。二十世紀後，東京開始出現少量的中華料理店，但販售餃子的並不多，可以推測真正吃過餃子的日本人應該寥寥無幾。

餃子開始在日本普及，確實已是戰後，也誠如日本飲食文化研究者田中靜一所言，戰後在日本餐飲店熱銷的餃子，已是「日本化」的餃子。一九五〇年代中國餐廳在東京掀起熱潮，有雜誌估算，光是一九五四年到一九五五年一年之間，東京就多了兩百多家中式餐館，其中煎餃是各家熱賣的商品之一。相關研究多半將發祥地指向澀谷戀文橫丁的「有樂」，後改為「珉珉羊肉館」（ミンミンヤンローカン），現在知名的「餃子的王將」（餃子の王将）就是在一九六七年師法「珉珉」開業。

造成這波流行的原因無他，正如史明所判斷，是大量從滿洲撤回的日本人，餃子成為他們滿洲經驗的「鄉愁」，不只成為消費者，在戰時百廢待舉的東京，許多歸國日本人缺乏謀生之道，也時常選擇以料理為業。有樂的店主高橋博通，就是在類似的背景下，和中國妻子一起重現滿洲料理。②

是否「第一家」無礙史明煎餃的美味，更何況他還是完全自學，憑藉在北京時對餐廳師父手法的觀察，記下了料理的方法，「譬如說大蒜怎麼弄才可以讓味道跑出來，水餃的皮要怎麼擀得恰到好處」。③當然，這只是旁觀者的紙上談兵，真要營業，還得花下大量苦心反覆練習，有段時間他日日都在苦思如何重現北京餃子的味道，「每天都要使用十幾公斤的羊肉做餃子餡兒，同時餃子皮也要自己擀」，終於還原出記憶中的口味，成為熱賣餐點。④

史明擺攤賣餃子，革命者和餐飲廚師，兩者風馬牛不相及，甚至對立而矛盾。心思細膩的史明，當時心中不免也有所懷疑吧。當一九五〇、六〇年代，店裡生意最好的時候，他天天得從中午十一點，操鍋到凌晨三點，忙碌到分身乏術，更遑論從事革命事業。但即使是在最疲倦、艱苦的時候，他總是提醒自己：「這是為了革命在吃苦。」或許有點可笑，但他一步步打下了餐廳的基礎，並用新珍味的收入開始革命的地下事業。⑤

「寫書是革命，作運動是革命，炒大麵

也是革命」，能有這樣領悟並實踐的革命者，才能真正理解「人」的意義，也才能從「人」的角度去思索革命。

① 史明，《史明回憶錄》（台北：前衛，二〇一六），頁四二九。

② 草野美保，〈日本的餃子發展趨勢——振興地方經濟〉，《第十三屆中華飲食文化國際學術研討會論文集》（二〇一三），頁四二一—四二三。

③ 史明口述史訪談小組編，《史明口述史》（台北：行人文化實驗室，二〇一三），第一冊，頁一三六—一三七。

④ 史明，《史明回憶錄》（台北：前衛，二〇一六），頁四二九。

⑤ 史明，《史明回憶錄》（台北：前衛，二〇一六），頁四三五。

No. 16

大滷麵

在數位時代，要宣稱獨特變得十分困難。在搜尋引擎中輸入關鍵詞，在世界的某個角落，總有過類似的想法或事物。反過來說，當搜尋結果寥寥無幾時，雖然不能妄稱絕無僅有，但至少能確定是很稀有的存在。

新珍味的「大滷麵」就是絕佳例證。無論用漢字還是片假名搜索，在日本除了熊本拉麵店同音的「太肉麵」，幾乎所有相關頁面都與新珍味有關，說明了新珍味大滷麵在日本饕客間的知名程度。

大滷麵在台灣隨處可見，但要人解釋什麼是大滷麵，恐怕會換來一陣困惑的皺眉，連字義都難以解釋，頂多模糊有著「外省麵食」的印象。

大滷麵確實源自中國北方，一九五二

年史明開始珍味的料理生意，一度曾在台灣料理和中華料理之間選擇。憑藉天生敏銳的商業嗅覺，他估算從台灣回來的日本人才一、兩百萬人，從中國回來的卻高達上千萬人。這一簡單卻精準的市場分析，促使他選擇了中式麵食。

「大滷」是「打滷」的誤寫，「打滷」指的是將多種配料分別調理後，合煮於一鍋，淋在熟麵的做法，在北方吃麵條，不外乎「炸醬」和「打滷」兩種。打滷麵又分「清滷」、「混滷」，清滷又叫氽兒滷，混滷又叫勾芡滷，區別在於是否勾芡，這也是考驗廚師功力的關鍵所在。美食家唐魯孫（一九〇七－一九八五）就描述理想的混滷：「講究一碗麵吃完，碗裡的滷仍舊凝而不瀉，這種麵才算夠格。」[1]重點即是對勾芡濃稠的講究。

新珍味的大滷麵完全採用混滷，史明究竟如何學會這麼道地的烹煮技巧，眾說紛紜。他自承在開店前對料理一竅不通，但一九四五年滯留北京期間，他常常流連於餐廳，尤其喜歡進廚房和師傅聊天，學會像餃子之類的麵食料理。[2]雖然口述回憶錄裡未提及大滷麵，但我們可以推測，這道麵品很應是他在那段時期學到，再慢慢於實作中摸索而成吧。

有趣的是，許多人看到珍味麵上濃厚的勾芡，會不禁聯想到日式中國菜「天津飯」，兩者在口味上十分相似。這是否也是史明的靈感來源之一？可能正是這種迎合日本人口味的改良，使得史明的大滷麵在日本大受歡迎。

美食名家唐魯孫曾在報上為文詳細介紹打滷麵，全文寫作的動機或許是結尾處對台灣沒有道地打滷麵的抱怨，甚至有些餐廳連菜名都誤寫成「大魯麵」。他曾問過高雄一間平津飯館的跑堂，為什麼明明店家「一口純正國語」，菜單上竟還是誤寫成「大魯麵」？對方回答因為來用餐的「台省同胞居多」，「叫大魯麵聽了順耳，這叫入境隨俗。」「入境隨俗」四字顯然踩到了美食家的痛點，祖宗家法豈可隨意違背，讓他忍不住直呼：「各省口味的飯館，都入境隨俗南北合了，菜還能好得了嗎？」

作為餐廳經營者的史明當然不會這麼想，靈活變通的態度，正是新珍味大滷麵能夠在異國他鄉獲得成功的關鍵所在，也恰恰反映了史明作為革命者的過人之處。

食物如同社會，總是受各種原因不斷變化。新珍味的大滷麵早已不全然是史明在北京學來的味道，而是加入日本在地的喜好，與之後歷代大廚各自不同的微調和詮釋。對於不太習慣日式中華料理的朋友，初試時建議可以多加一點白胡椒和白醋，會更符合台灣的口味。更建議是能常常重訪，用著桌上瓶瓶罐罐的調味料，摸索出屬於你自己的「新珍味」。

① 唐魯孫，〈打滷麵〉，《聯合報》，一九七八年八月四日，第九版。

② 史明口述史訪談小組編，《史明口述史》（台北：行人文化實驗室，二〇一三），第一冊，頁一三六—一三七。

No.
17

收銀機

一九七三年，平克．佛洛伊德（Pink Floyd）發行了日後被視為搖滾樂經典專輯《月之暗面》（*The Dark Side of the Moon*），作為首支單曲的〈金錢〉（*Money*），意外成為樂團在美國的首支熱門單曲。

這首歌一開始，就將硬幣叮噹、收銀機鈴響、紙幣沙沙聲，巧妙地拼貼成一段七拍循環，成為音樂史上最具辨識度的開場之一。這個創新的音效循環不僅展現了樂隊的實驗精神，更直接而有力地將聽眾帶入歌曲的核心主題，造成近乎催眠的效果，模擬了金錢在現代社會中無處不在的存在感。在緊接而來的歌詞中，樂團進一步展開了對金錢與物質主義的尖銳批評，揭示人類永恆的難題：金錢雖然邪惡，卻

又是生活不可或缺的一部分。

正因為主題的普世性，〈金錢〉不僅反映了七〇年代的社會氛圍，也多少預言了接下來幾十年全球化和消費主義的興起。時至今日，這首歌依然是對資本主義社會中人性和價值觀的深刻探討，其音樂和主題的力量絲毫未減。

就像〈金錢〉這首歌的開頭，再也沒有比收銀機的聲響更能作為金錢的象徵。

收銀機的誕生可以追溯於十九世紀末，一位俄亥俄州的酒館老闆在大西洋上航行時，受到船上儀表的啟發，發明了世界上第一台收銀機。這台大型的機器，能夠顯示美元和美分，它最重要的功能是為了防止員工偷竊。

二十世紀初，電力替收銀機帶來突破性的變化。一九〇二年世界上第一台電動收銀機問世，一九一九年一款集金額顯示、收據打印、交易紀錄、銷售總計和交易次數記錄於一身的收銀機誕生，奠定今日收銀機的基本功能，也改變了零售業的營運模式，陳列式的銷售逐漸普及。

二戰後，隨著購物中心興起，收銀機變得更加小巧實用。新型號不僅體積更小、價格更低，還減少機械噪音，提高了耐用性。這些機器上的按鍵更暗藏玄機：一側的按鍵用於區分現金銷售、賒帳銷售等不同交易類型，而另一側的按鍵則用於識別不同的操作員，既管理帳目，也提防員工。六〇年代，收銀機開始具備部門別管理功能。這項功能為零售業帶來科學化經營的可能，商家可以根據不同商品類別的銷售數據，靈活調整經營策略。一些收銀機的按鍵上還印有祝福語，彷彿在為每一次交易帶來好運。七〇年代，收銀機開始應用電子技術，新一代的系統能夠即時處理交易數據並生成銷售報告。這些進步大大提高了商店的營運效率，也為顧客帶來更快捷的結帳體驗。

隨著條碼技術的發展，收銀機逐漸演變為更先進的銷售系統。在日本，首次進行商品條碼掃描實驗。到了八〇年代中期，大型連鎖超市開始全面採用這種系統，使總部與各分店的數據得以連接，為精準採購和庫存管理奠定基礎。如今，在一些商店裡，我們甚至可以看到自助收銀機。顧客自己掃描商品、秤重、付款，整個過程由機器完成，只需一、兩名員工在旁監督。

從最初防止員工偷竊的簡單裝置，到如今集數據分析、庫存管理於一體的智慧系統，收銀機的發展見證了零售業的變革。它不僅記錄著每一筆交易，也默默見證著消費方式的變遷。①

現在的新珍味當然是使用最先進的收銀系統，能同時點餐和管理帳目，和一般東京常見的商家無異。但在樓上的史明紀念館裡，則保有著舊時使用的收銀機，因為已經有電子顯示，加上列印收據的功能，推算應該是一九七〇年代後的產品。可惜機身經過長期使用，已經難以判別型號，若只看按鍵，很接近目前市面上的CE-2200-V 型號，兩者配置接近，但除了史明這台收銀機的尺寸明顯較小，功能較少之外，CE-2200-V 這台最新機型早已是具有藍牙連線的先進機種了。

我們無法判定新珍味何時開始使用收銀機，但可以確定的是收銀機對史明這樣的小店老闆而言，是很重要的存在，尤其他一九八〇年就開始定期赴美，一九九三年又回到台灣，收銀機等於他管理新珍味的分身，讓他能有效管理帳務。史明會要求把收銀機的結餘單印出，和每日的營收一起保管，讓他有辦法對帳。新珍味現在還保留一個小盒子，裡面整齊收放著長方形的紙片，每張紙片上工整書寫著日期和一排數字，乍看會以為是暗號或密碼，但有零售經驗的人馬上就能一眼看出，那是每天的收支紀錄，應該是史明核對收銀機結餘單和現金後整理出來的帳目。另外，史明的房間裡還有一個木製的錢箱，比較像是史明的零用金，除了支付店裡偶爾的開支，更多是因為地下工作需要，史明常在身邊備有現金，以防不時之需。依照當時餐廳生意的興盛，這不起眼的木箱可能曾放過上億的金額。②

史明能夠自信說出「用自己賺的錢當革命資金，就不必向別人募款。」③不僅因為新珍味生意興隆，更重要的是營運管理，不管從員工到帳目，都得一清二楚，依靠的就是收銀機帶來的詳實與方便，讓他即使人不在店裡，也能有效掌握營運。

這些帳目的管理，說明了餐廳經營者的辛苦，但更大的挑戰或許是日日聽著收銀機開闔的聲響，能抗拒那魔鬼的誘惑之音，一心堅守著台灣獨立的使命，才是史明最令人敬佩的強悍。

① 〈Cash register〉，Wikipedia，網址：https://en.wikipedia.org/wiki/Cash_register 瀏覽日期：二〇二四年八月二十四日。〈レジスター年表〉，レジスター博物館，網址：https://www.ncr.co.jp/about_ncr/who/register 瀏覽日期：二〇二四年八月二十四日。

② 史明口述史訪談小組編，《史明口述史》（台北：行人文化實驗室，二〇一三），第二冊，頁四七。

③ 史明口述史訪談小組編，《史明口述史》（台北：行人文化實驗室，二〇一三），第二冊，頁四七。

No. 18

壽屋泡麵

泡麵是利用油炸將麵條硬化，製成塊狀，將調味料另外包裝，食用時以熱水短暫浸泡，再加入調味即可。這是台灣民間常用的料理手法，所以日本早期投入泡麵研發者，多具有台灣背景。以安藤為例，面對日本戰後的民生凋敝，物資缺乏，讓他在用低成本甚或免費食材的食品加工模式裡嗅到商機，讓原本沒人想吃的東西變

一般公認，一九一〇年出生於台灣，原名吳百福的安藤百福，以及他所創立的日清食品公司，是推動泡麵這項商品席捲全球，改變當代飲食文化的重要推手。安藤於戰前經營紡織業，戰後開始投入食品加工業，他在一九五八年研發出名為「雞湯拉麵」（チキンラーメン）的泡麵，並將原本的公司改名日清（Nissin）。

成食品，並和官方的販售通路合作，包裝成物美價廉的優質營養來源。泡麵就是用美國進口的小麥與一般人不會吃的雞隻殘餘物，再加入維生素製成的商品，主打既便利又營養。透過優異的行銷策略，安藤領導的日清取得了巨大的成功，也讓泡麵一夕爆紅。①

在六〇年代初期，史明也意外涉足泡麵產業，但和安藤打造商業王國的目的不同，他依舊是由推動革命的角度思考。一開始純粹是因為他以債權人的身分，接手了一間名為「壽屋」的泡麵工廠，位於離東京北方約三小時車程的宇都宮。

在史明的規劃裡，藉由這間工廠可以替來日本的台灣留學生提供一個安身立命之所，工廠有專業人員負責營運，學生只要在課餘的時間幫忙即可，吃、住都由工廠負責，並且按時領薪。他同時也計畫未來建立一所由台灣人開辦的大學，甚至曾在接受記者訪談時公開談及這個想法，並將宿舍取名「青雲宿」，取「青雲之志」的涵義，並在工廠裡建造了一座形似台灣的游泳池，寄託了他對這些年輕人的厚望。

然而，理想與現實之間的差距很快浮現。最初兩年，壽屋營運看似不錯，但隨著市場競爭加劇，「壽屋」在銷售通路上遇到瓶頸。更棘手的是，學生來到日本後嘗到了自由自在的生活，再加上還要兼顧學業，和工廠的管理制度產生衝突。忙於其他業務的史明也無暇顧及工廠的日常營運，不得不請來一位退休警察管理。由於業績始終沒有起色，壽屋最終只能收攤。這場商業冒險為史明帶來了巨大的經濟損失，前後賠了兩千多萬日圓。

儘管如此，這次失敗並未打擊史明，一方面當然是因為還有新珍味當後盾，另一方面則是他主要心思都放在台灣獨立運動上，加上生性簡樸，不太在乎個人得失。②只可惜了他的青雲之志，終究沒有辦法在講求便利和速效的年代，獲得慢慢舒展的機會。

① George Solt 著，李昕彥譯，《拉麵：一麵入魂的國民料理發展史》（台北：八旗文化，二〇一六），頁一四四—一七七。

② 史明口述史訪談小組編，《史明口述史》（台北：行人文化實驗室，二〇一三），第二冊，頁五二—五三。

No.
19

人生一路

一九三七年誕生於日本橫濱的美空雲雀（美空 ひばり），堪稱二十世紀中葉在台灣最備受推崇的日本女歌手。她的魅力跨越數個世代，不僅擁有廣大歌迷，更在文化層面留下深刻烙印，即便在台灣也具備高度影響力。戰後出生的卑南族學者孫大川就曾如此描繪：對一九四〇或五〇年代的族人而言，美空雲雀的唱腔「不知不覺地重塑了我們的聲線」。①

在太平洋戰爭戰火的尾聲，美空雲雀開始了她的演藝生涯。一九四三年，年僅六歲的她，以童稚純真的天籟之音，在橫濱一帶進行慰勞軍隊的表演，吸引了無數聽眾。戰爭結束後，在母親的精心策劃下，

年幼的美空雲雀走遍日本各地，在大小不同的舞台上演唱。一九四八年，她正式簽約出道，直至一九八九年辭世，留下許多膾炙人口的歌曲，還主演了多部賣座電影，贏得「歌謠界女王」的稱號。②

美空雲雀不論在台灣和韓國都擁有龐大粉絲群，一九六〇年代，台灣的台語唱片公司大量翻唱外語歌曲，日本歌曲成為首選。據知名詞曲家葉俊麟回憶，在眾多日本歌曲中，森進一、美空雲雀和小林旭的作品，最受唱片公司青睞，也是他個人的摯愛。③一九六二年，美空雲雀造訪台灣，引發轟動。松山機場擠滿數千名狂熱支持者，場面一度失控。在混亂中，她的行李甚至未完成海關檢查，一行人就被國賓飯店的接待人員匆匆帶走，足見她在台灣的超高人氣。④

翻閱史明留下的音樂收藏，可以發現他是個不拘一格的聽眾，各種類型的音樂都有涉獵，體現了他開放的性格和旺盛的求知欲。在他鍾愛的眾多歌曲中，美空雲雀的〈人生一路〉尤為特別。許多人都記得，史明在新珍味餐廳的後場，常常面對熊熊爐火，一邊烹飪一邊哼唱這首歌。

史清台⑤與史明關係密切，但主要局限於革命工作的互動。談及歐吉桑日常生活的細節，他多半只能露出苦笑。然而，一提到史明邊唱著〈人生一路〉邊在新珍味掌勺的畫面，他立刻露出會心的微笑，眼神中彷彿浮現當年的情景。

一旦下定決心就絕不再改變
這就是我活著的道路
別哭別迷惘　熬過苦難
人終將實現自己的願望
即使深埋於　厚厚的雪中
麥苗也會發芽　等待春天
縱使面對生命種種考驗
也要成爲堅持到底的人
胸懷著不屈不撓的熊熊烈火
朝著決定的道路筆直前進
讓我們爲明天奔馳　人生一路
花朵在艱辛的風中綻放⑥

音樂是史明生命中不可或缺的部分，小時候從養父阿舅那學到的日本童謠，和阿嬤一同觀賞的京劇，在早稻田求學時收藏的大批古典樂唱片，戰後去看披頭四的演唱會……在人生的不同階段裡，史明的生活裡總布滿著不同的樂音，反映著他不同時期的喜好和品味。但似乎沒有任何一首歌，能像〈人生一路〉這般貼近史明的靈魂。

那個揮汗如雨烹飪、經營餐廳又投身

革命事業的史明，在美空雲雀的歌聲中看到了自己的影子。在人生這條充滿挑戰的道路上，他如同歌中描述的那樣，在艱辛的風中綻放出美麗的花朵。

---

① 孫大川，〈用筆來唱歌——台灣當代原住民文學的生成背景、現況與展望〉，《台灣文學研究學報》第一期（二〇〇五），頁一九六—二〇三。

② 〈美空雲雀〉，Wikipedia，https://reurl.cc/ad92Y4 瀏覽日期：二〇二四年八月十一日。

③ 黃裕元，《戰後台語流行歌曲的發展（1945-1971）》（桃園：中央大學歷史研究所碩士論文，二〇〇〇年六月），頁一〇一至一〇二。

④ 〈美空雲雀抵台 忙中擠出錯來 歌迷如癡如醉 雲雀被拉被推 未經檢查手續 海關要求追查〉，《聯合報》，一九六五年十月二十九日，第六版。

⑤ 史清台，高雄人，二二八事件受難者家屬，母親因為擔心他受牽連，一九六五年高中畢業便前往巴西投靠長兄，一九六六年轉往美西讀大學，進而與史明、獨立台灣會建立聯繫。史清台為化名，自一九七一至一九九二年間多次前往日本東京池袋新珍味，活躍於日本、北美洲與南美洲，為獨立台灣會早期的重要人士。

⑥ 歌詞使用 ChatGPT 翻譯，由筆者修訂和潤飾。

No.
20

台灣人四百年史

三大冊兩千多頁的《台灣人四百年史》，可能是不少人談起史明的第一個印象。事實上「史明」正是他出版《台灣人四百年史》所使用的筆名，取其「明瞭歷史」之意，也希望用化名掩護當時著手進行的地下工作。①

這套書最早以日文寫成，於一九六二年出版，一九八〇年出版漢文版。之後補充了一九八〇年代後的資料，在一九九八年出版了三冊裝的版本，二〇一四年又出版了最新的檢定版。英文版則是一九八六年在美國出版，屬於濃縮後的版本。這些不同的版本都是以一九六二年日文版的思想體系為基礎，陸續增添資料。

史明約莫在一九五〇年代後期，開始動筆撰寫《台灣人四百年史》，耗時兩年

台湾人四百年史
史明
台灣人四百年史
《上》
《平裝普及版》
人四百年史

多才完成。日文寫作對史明不成問題，主要工夫花在資料的閱讀和整理。當時新珍味的生意已逐漸上軌道，穩定的生活讓他萌生重新學習馬克思主義和台灣史的想法。於是在餐廳忙碌的作息中擠出時間，趁著店裡比較清閒的空檔，他或請打工學生，或自己前往日本國會圖書館、早稻田圖書館和日比谷圖書館，收集相關資料。利用打烊之後的夜晚時刻，在新珍味四樓的書房裡，徹夜閱讀、寫作，直到早晨四、五點，才稍微休息至十點，再到樓下幫忙。[2]

史明如此拚命完成《台灣人四百年史》，原因在於他體認到革命要能成功，就必須要在歷史的脈絡中生成，要了解台灣的過去，才能開創台灣的未來。全書開篇即使用「台灣民族」一詞，並且強調站在台灣苦勞大眾的立場，即使這本書不能算是嚴格意義下的學術專著，「台灣民族」一詞也未被普遍採用，但《台灣人四百年史》還是對後世產生深遠的影響，如學者何義麟所指出的，「四百年史」一詞，廣泛使用的程度，已成為形容台灣歷史的定式。[3]

革命者史明大概也無意撰寫一套象牙塔裡的高深研究，而是希望藉由這一套書「尋求台灣民族的力量泉源，喚醒台灣民族的意識，認清身為台灣人所負的使命。」[4]同時，也更重視「人」的視角，這也是全書取名為「台灣人四百年史」的原因，跳脫傳統論史偏向國家、社會或制度的視角，回歸「人」的角度重新看待歷史，否則永遠無法擺脫統治者的視角。史明在口訪時曾質問：「台灣的民眾，誰能夠為自己寫歷史？」⑤看似簡單的一句話，不只一語道破《台灣人四百年史》核心的關懷，也是對這座島嶼過去、現在和未來最深切的反省和期盼。

《台灣人四百年史》日文版的出版充滿挑戰，當時國民黨獲悉有人在撰寫台灣史的情報，試圖和各家出版社聯絡，企圖買斷版權，阻止出版。最後史明透過早稻田大學學弟經營的音羽出版社出版，並自付所有的費用，總共印了三千冊。為了要讓更多台灣人能讀到這套書，史明一九七〇年代開始撰寫漢文版，除了內容的修訂與改寫，還要重新摸索漢文的寫作。⑥

漢文版寫作的過程中，定居美國的宜蘭人石清正給予很大的幫助與鼓舞。據何義麟教授的採訪，石清正在一九七六年五月，於東京拜訪史明，石提議出資贊助漢譯的工作，史明也表示漢文版是他的心願，兩人一拍即合，返美後石清正便籌募了一萬元美金給史明，這在當時是筆不小的數目。這中間還有一段小插曲，一九七八年石清正在紐約和彭明敏（一九二三－二〇二二）談到《台灣人四百年史》漢文版的計畫，彭明敏表示，《台灣人四百年史》架構完整，站在台灣人的立場，十分獨特，值得翻譯，讓石清正對於翻譯的出版更具信心。⑦

漢文版總共印了三千本，兩千本交予石清正在美國販售，一千本留在日本，史明大多用來送人，或託人偷偷帶回台灣，前後大概帶入了幾百本。⑧偷渡的方式各式各樣，據說還曾將書以塑膠套包好，塞入味噌裡夾帶回台。台灣當時也開始出現自行印刷的版本，包括鄭南榕在一九八五、八六年出版的版本，許榮淑似乎也在台中印了兩萬本，應該還有其他不同的自印版本在市面上流通。鄭南榕日後從史明處取得授權，本來他還希望支付史明十萬元的版稅，但遭到史明婉拒。⑨史明返台後，有許多朋友都會帶著自己收藏的《台灣人四百年史》給他簽名，各式各樣的版本都有，不只說明了這本書的影響力，也體現著在那威權的年代裡，人們對於認識自己歷史的渴望。

《台灣人四百年史》經由不同的管道流通，帶給當時年輕的一代巨大的感動。⑩史明也藉著《台灣人四百年史》的出版，於一九八一年前往美國宣傳他的理念，之後更每年定期前往美國宣講，前後長達十年。⑪日後《台灣人四百年史》還有漫畫版和繪本版，以及濃縮的精華版本，以不同的樣貌，影響著台灣不同階層的讀者。

希臘神話裡的普羅米修斯，從眾神處偷來火種交給人類，史明則將《台灣人四百年史》引入台灣，成為台灣獨立運動的重要觸媒。這當然是史明重要的貢獻，然而，就像神話中沒有交代的，取得火種的人類，也是靠著眾人不斷地傳遞，才能讓火焰帶來的光與熱走入家家戶戶之中。《台灣人四百年史》不只是史明一人的傳奇，經由閱讀和流通，《台灣人四百年史》連結了整個民族的心靈。

---

① 史明口述史訪談小組編，《史明口述史》（台北：行人文化實驗室，二〇一三），第二冊，頁一五三。
② 史明，《史明回憶錄》（台北：前衛，二〇一六），頁四三五－四三七。史明口述史訪談小組編，《史明口述史》（台北：行人文化實驗室，二〇一三），第二冊，頁一四八－一四九。
③ 何義麟，〈台湾史の誕生──『台湾人四百年史』の書誌学的考察〉，《現代台湾研究》第四十九期（二〇一九年七月），頁五。
④ 史明，《史明回憶錄》（台北：前衛，二〇一六），頁四三九。
⑤ 史明口述史訪談小組編，《史明口述史》（台北：行人文化實驗室，二〇一三），第二冊，頁一四九。
⑥ 史明口述史訪談小組編，《史明口述史》（台北：行人文化實驗室，二〇一三），第二冊，頁一五三。
⑦ 何義麟，〈台湾史の誕生──『台湾人四百年史』の書誌学的考察〉，《現代台湾研究》第四十九期（二〇一九年7月），頁六－七。
⑧ 史明口述史訪談小組編，《史明口述史》（台北：行人文化實驗室，二〇一三），第二冊，頁一五六。
⑨ 史明口述史訪談小組編，《史明口述史》（台北：行人文化實驗室，二〇一三），第二冊，頁一五六。
⑩ 何義麟，〈台湾史の誕生──『台湾人四百年史』の書誌学的考察〉，《現代台湾研究》第49期（二〇一九年七月），頁九。
⑪ 何義麟，〈台湾史の誕生──『台湾人四百年史』の書誌学的考察〉，《現代台湾研究》第49期（二〇一九年七月），頁八至九。史明，《史明回憶錄》（台北：前衛，二〇一六），頁四三五－四三七。

No.

21

辭典

《編舟記》（舟を編む），是日本作家三浦紫苑（三浦しをん）寫於二〇一一年的小說，以其獨特魅力獲得市場廣大的回響，並奪得日本第九屆「本屋大賞」的殊榮，簡、繁各自的中文譯本皆很快面世，並且出現電影、影集、漫畫、動畫等不同媒介的改編。這部作品的非凡之處在於它的題材，如同台灣譯本最早的譯名《啟航吧！編舟計畫》，作者虛構的玄武書房編輯部，要向浩瀚的文字之海挑戰，開啟了《大渡海》辭典的編輯計畫。整本書的劇情就以編輯部的成員為中心展開，描繪這群這些著迷於文字的阿宅，逆著時代的浪潮，如同追求聖杯一般，努力追逐並試圖完成這近乎不可能的編纂計畫。十多年的時間經過，經歷了千迴百轉的《大渡海》

日中辞典
広辞苑
広辞林
日本国語大辞典
日本国語大辞典

終於完成，編輯部成員的職涯和人生，也都緊緊和這部辭典密切地綑綁在一起。[1]

看似乏味枯燥的編辭典的工作，能成為像少年漫畫常見的熱血目標，進而成為人生的隱喻，這種令人意外的反差，或許是《編舟記》能大獲好評的原因。但建立一套系統架構，試圖窮盡世間大小事物，一一在其中之中找到合適的位子，綱舉目張，不論是編纂字辭典或者特定類型的百科全書，這項凝結知識精華，讓人能快速按圖索驥，替問題覓得解答的嘗試，本身就帶有點「知其不可為而為之」的英雄意味。

架上有許多厚重的大部頭辭典，是許多人看到史明書架的第一印象，這些工具書有些用來查找文字，有些則是個別專業領域的知識。這些辭典顯示著各種意義，一來當然是史明對於知識的尊重和渴望，對於一位多數時間都靠自學而成的革命者，工具書一定給予極大的幫助。另一方面，也是日本在工具書出版的專業，即使在今日一切上網搜尋的年代裡，走進大型的日本書店，必然有著販售辭典的專區，這大概也是《編舟記》能寫成的重要背景。

最重要的是，這些工具書不僅用來幫助知識的理解，更是革命聯絡的工具。在那個書信往來都會被監控的年代裡，使用暗號聯繫是革命必備的入門，尤其最重要的名字、日期等聯絡資訊，條理分明的字典就成為現成的密碼系統。在約定暗號之後，身處不同地方的人，只要使用同一本字典，就可以解譯寄來的書信中潛藏在紙面之下的涵義。然而即使已使用辭典，雙方聯絡還是要透過層層的保密，史清台就回憶，即使寫好第幾頁第幾行第幾個字，這些數字本身都還會再額外加減，只有聯絡人才知道要怎樣才能推回正確的數值。同時，同一封聯絡的信件裡，也不會全部資訊都加密處理，無關緊要的內容則會據實寫下，真真假假，務求混淆敵人的判斷。②

史明手邊就還保有很多這種加密或解密過後的信箋與明信片。如果辭典的編撰最初的動機，是出於人們對知識分類的信念，那麼厚重的辭典成為革命的鎖鑰，從知識系統變成了密碼系統，可能是當時編纂者無法想像的另一種熱血浪漫。

① 三浦紫苑著，黃碧君譯，《編舟記》（台北：新經典文化，二〇二二）。

② 〈獨立台灣會 1980 年代地下工作人員訪談 1080p 1219〉，史明文物館 Youtube 頻道，網址：https://reurl.cc/QEx8r5 瀏覽日期：二〇二四年十月七日。

No.
22

半張鈔票

史明對於台灣獨立的地下工作始終非常謹慎，尤其在國民黨情報系統無孔不入的監控下，雙方諜對諜的對決絕非兒戲，涉及了個人和組織的生死存亡。綜觀史明的一生，他對於地下工作的理解，主要來自他在一九四二年至一九四五年三年之間，在中國替中共從事情報工作的經驗，成為他日後從事地下工作的基石。

話雖如此，當時中共的情報工作也並非想像中的井然有序，史明自承當時他只是「在街上跑跳的小幹員」，未曾見過中共當時在上海的情報頭子潘漢年，連書面的訓練材料《支部怎樣工作》、《怎樣做支部工作》都不曾讀過，一切都是在行動中學習，累積經驗。①他的情報生涯，更像是一場在行動中不斷摸索的冒險。

1000
BU034572Y
日本銀行券
千円
日本銀行
1000

史明使用過的手法各式各樣，其中有一項聯絡方式非常有名，經常被他身邊的人提起。史明採用單線聯繫的方式指揮，這是地下工作的基本規則之一，優點是若遭查獲，頂多就是這一條支線被消滅，不會危及整個組織；缺點就是不同支線彼此互不相識，又或者單線之間久未互動，一旦若需要重啟聯絡就會面臨信任的挑戰。

史明想出的解決之道，堪稱是間諜小說的經典橋段：他為了和在台灣的同志取得聯絡，第一次先託人給對方半張鈔票，轉告是東京某某給他，第二次給對方另外一半，第三次再告知只有兩人才知道的往事，一步步對方才確信聯絡的對象是史明。②

將一張鈔票撕為兩半，這個看似簡單的舉動，不僅確保了聯絡的安全性，或許還隱含著對國家權威的一絲調侃，畢竟故意損毀貨幣可是要被罰款的。倘若把撕裂鈔票的行為當作某種隱喻，可能也象徵著史明對金錢的態度。他深知穩定財源對於革命的重要，「資金是做運動的必要條件，有人、有行動就得花錢」。③

有了穩定的財源，一方面讓地下工作無後顧之憂，另一方面也能讓史明有辦法照顧當時在日的台灣人。除了積極經營新珍味，史明在一九五八年時也和友人一同創立金融機構「日華信用組合」，為在日台灣人提供金錢上的後援。他擔任兩屆常務理事，共六年的時間，處理取款、放款的業務，不時和客戶交際應酬，初時業務看似蒸蒸日上，但因為內部的派系問題，最後以經營不善收場，史明也背負了兩千萬元的債務。④

然而，史明對金錢的態度總是格外灑脫。他數次面臨巨額債務，為革命事業花費鉅資，其中不乏血本無歸的案例，但他都一笑置之。在革命大業的前提下，金錢對他而言只是工具，而非目的。

「我不喜歡提到錢，不然我一生幾乎都與錢有關啦！」⑤大概只有說出這句話的史明，才會想出用半張鈔票作為聯絡暗號的點子吧。

---

① 史明口述史訪談小組編，《史明口述史》（台北：行人文化實驗室，二〇一三），第二冊，頁九一－九二。
② 史明口述史訪談小組編，《史明口述史》（台北：行人文化實驗室，二〇一三），第三冊，頁九四。
③ 史明口述史訪談小組編，《史明口述史》（台北：行人文化實驗室，二〇一三），第三冊，頁九四。
④ 史明口述史訪談小組編，《史明口述史》（台北：行人文化實驗室，二〇一三），第二冊，頁四八－五二。
⑤ 史明口述史訪談小組編，《史明口述史》（台北：行人文化實驗室，二〇一三），第二冊，頁五五。

No. 23

墓龜

「墓龜」，台語發音為「bōng-ku」或「bōo-ku」，指墳墓隆起的墳頭部分。因其形似烏龜龜殼而得名，①在清代台灣墳塚營造中占據核心地位，被視為風水重點，學界甚至以「墓龜崇拜」形容此一現象。一種說法將其追溯至古代玄武的水神崇拜，但連雅堂提出的解釋或許更貼近民間認知：台語的「龜」和「居」發音相近，延伸出「居財」的寓意。

隨著時代變遷，台灣各地發展出不同墳頭造型，如一九七〇年代的巴洛克式墳或台中的圓盔型。②土葬盛行時，墓龜在山林、農地隨處可見。直到一九八〇年代水土保持意識興起，③加上政府鼓勵

火葬，④除了少數合法墓地，墓龜已漸趨罕見。

史明在新珍味的頂樓搭建了一座「墓龜」。這半球體建物雖非墳墓，亦與風水無關，卻仍多少沾有一絲死亡色彩。它由磚石和水泥建成，內部中空，設有鐵門。雖然沒有留下明確的記錄，按照史清台的回憶，墓龜當時是蓋在浴缸裡面，可以由此想像大致的比例。

對許多年輕人來說，這座墓龜更像披薩店的窯烤爐，只是沒有排煙管，史明自己的形容是「他蓋了一座灶」。這個灶自然不是用來做菜，而是作為「炸藥的實驗所」，史明使用它「試爆炸藥、讓那些地下工作的同志觀摩」。⑤首先將火藥裝進管子，丟至墓龜裡，將兩條引線牽出，緊閉鐵門，再加以引爆。因為使用的火藥有限，有時甚至直接使用鞭炮中取出的火藥，爆炸規模不大，只會發出低沉聲響，消散在繁華的池袋街頭。⑥

不知道用途，只看外表，很少人會將這座質樸墓龜和試做炸裂物連在一起，如同老年史明歐吉桑給人的長者形象，會讓人忘了他曾是堅持武裝起義的革命者。在一九六〇年到一九七五年，他領導的獨立台灣會主導數起軍用火車的爆炸案，經由地下黨員分散到各縣市零星購買煙火，逐一取出其中的火藥，塞進水管，製成簡易炸彈。⑦

新珍味樓上的墓龜「實驗室」，是否就是為了研發這些土製炸彈而生？目前已難以斷定。

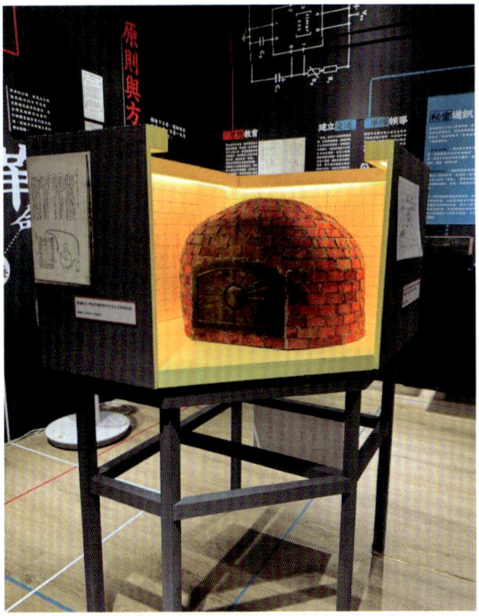

史明文物館內陳列的墓龜模型。「革命前夕——史明島內地下工作」特展，二〇二三年十二月開展迄今。

史明的同志之一史清台，曾參與墓龜第一次試爆和第一次成功炸毀鐵軌行動，⑧他提供了一種解釋：為了避免引起不必要的注目，規模有限的墓龜，做不出什麼威力強大的炸藥，主要是利用發出的聲響訓練地下工作人員，讓他們在實戰中保持冷靜，練習膽量，這也是史明所謂「觀摩」之意。另外，墓龜最關鍵的「實驗」，是要用來測試定時器是否能有效完成任務，讓武裝人員全身而退。在美國念電子工程系的清台，談到他當年親手打造的定時器，言談之間仍忍不住流露出驕傲。⑨

無論如何，一九七五年之後，史明放棄暴力運動路線，拆掉墓龜，改建為房間和浴室，供來訪的友人使用。新珍味五樓由「龜」變「居」，史明的革命之路也走向了另一番風景。

① 〈墓龜〉，教育部台灣閩南語常用詞辭典，https://reurl.cc/341MLj 瀏覽日期：二〇二四年七月三十日。

② 廖倫光，〈台灣傳統墳塚的地方性樣式與衍化研究〉，中原大學建築學系碩士學位論文，二〇〇四年七月，頁三七至三八、九六。

③ 〈山頭多墳頭 影響觀瞻 私有墓濫建 破壞水土〉，《聯合報》，一九八二年四月九日，第七版。

④ 〈環局宜考量現實環境：強制執法無可厚非 但應積極輔導業者合法化〉，《中國時報》，一九九七年五月十六日，第十四版。

⑤ 史明口述史訪談小組編，《史明口述史》（台北：行人文化實驗室，二〇一三），第二冊，頁四二。

⑥ 關於墓龜使用的細節，多來自史清台的回憶，見〈獨立台灣會 1980 年代地下工作人員訪談 1080p 1219〉，史明文物館 Youtube 頻道，網址：https://reurl.cc/QEx8r5，瀏覽日期：二〇二四年十月七日。

⑦ 史明，《史明回憶錄》（台北：前衛，二〇一六），頁四九五－四九八。

⑧ 史明口述史訪談小組編，《史明口述史》（台北：行人文化實驗室，二〇一三），第二冊，頁一一八。

⑨ 〈獨立台灣會 1980 年代地下工作人員訪談 1080p 1219〉，史明文物館 Youtube 頻道，網址：https://reurl.cc/QEx8r5 瀏覽日期：二〇二四年十月七日。

No.
24

鋼筆

史明有許多支鋼筆，靜靜地堆放在一起，這或許是許多鋼筆共同的命運。曾經兼具實用和奢侈品雙重身分的鋼筆，隨著科技的進步，在原子筆普及後，淪為過時的書寫工具，要麼被丟棄，要麼塵封角落，逐漸被遺忘。

鋼筆（fountain pen）與其前身沾水筆（dip pen）的主要區別在於儲墨功能，筆身內裝有墨管，書寫時毋須再頻繁沾墨或另備墨水瓶，不只便於攜帶，並能不間斷地連續書寫，如同英文名稱的「泉水」一般。鋼筆原型出現於十九世紀初的英國，經多次改良，一八八〇年代才以英美為中心，成為全球商品。

日本稱鋼筆為萬年筆，一八八四年由橫濱商會引入。以萬年筆為名，一說

出自明治作家內田魯庵（一八六八－一九二九），強調鋼筆結構的堅實和耐用。大正時期，日本本土的鋼筆品牌 Sailor、Platinum、Pilot 相繼問世，正值英國因一戰影響，外銷中挫，鋼筆遂成日本重要的外銷商品之一，一九四〇年代達到銷售高峰。①

鋼筆因使用方便和高級形象，迅速成為文化人象徵。日本文豪夏目漱石，一八九九年赴英留學時，親族曾致贈鋼筆作為餞行禮物，當時他還不太習慣使用，很快就弄壞了。但十餘年後，鋼筆成為他主要的書寫工具，甚至曾半開玩笑地預言：「如同酒客必懂酒，寫作者必須懂鋼筆的時代很快就會到來。」②

台灣很早就引入了萬年筆，一九一一年《台灣日日新報》上就有販售廣告出現，③早期因價格不斐，不時發生偷竊鋼筆的案件。④到了一九四〇年，報上「主婦的重寶手帖」專欄，刊載教導家庭主婦如何更加便利使用和保養鋼筆的訣竅，⑤說明了鋼筆的普及。當時有鋼筆店還推出免費筆身刻字的服務，這樣的流行一直延續到戰後，許多成長於六、七〇年代的學生，在畢業時都會收到筆身刻上贈與人和受贈人姓名的鋼筆當作禮物。⑥

很可惜今天已經無法知道史明這些鋼筆的來歷，大概可以確定的是，筆之於史明，實用的價值一定大於收藏，今日政大史明文庫內也收藏了許多史明的手稿，皆已數位化上網公開。如果有人願意比較一下手稿的墨跡，看看何時從鋼筆換成原子筆，或許也是一件很有趣的事。

對於著作等身的革命者史明，用以書寫的鋼筆也可以視為一種武器吧，書寫對史明始終是一種戰鬥的方式，手稿上反覆修改的字跡，是他錘鍊文字，使其字字銳利，直指敵人心房的努力。

「視鋼筆為武器」可不僅是象徵意義上的譬喻。據史清台回憶，史明曾經委託他開發偽裝成鋼筆的單發手槍，出於情報訓練養成的習慣，清台說得十分隱晦，但也已讓人對史明的鋼筆充滿無限想像。

---

① 〈万年筆〉，Wikipedia，https://reurl.cc/ky5z0r 瀏覽日期：二〇二四年七月三十一日。

② 夏目漱石，〈余と万年筆〉，青空文庫，https://reurl.cc/zDydMa 瀏覽日期：二〇二四年七月三十一日。

③ 〈發售萬年筆〉，《台灣日日新報》，一九一一年一月十二日，第三版。

④ 〈萬年筆泥棒〉，《台灣日日新報》，一九二四年十一月五日，第五版。

⑤ 〈主婦の重寶手帖／萬年筆の上手な使ひ方〉，《台灣日日新報》，一九四〇年三月十四日，第三版。

⑥ 陳柔縉，〈文尚堂〉，《一個木匠和他的台灣博覽會》（台北：麥田，二〇一八），頁一五四－一五五。

No.
25

《獨立台灣》

在一九六七年的東京，一份名為《獨立台灣》的地下刊物悄然誕生。這份由史明統籌的出版品，在接下來的七年裡，成為海外台灣獨立運動的重要喉舌。

《獨立台灣》的創刊號原本配合「台灣獨立連合會」的成立而發行。史明想藉由這個組織團結各方的力量，然而連合會很快就因辜寬敏和張春興拒絕加入而解散，反映出當時海外台獨運動內部的分歧和矛盾。儘管如此，史明並未放棄，兩個月後重整旗鼓，成立了獨立台灣會，並將《獨立台灣》改為其機關刊物繼續發行。

史明之所以成立小規模的組織，主要基於他認為大型的黨派或聯盟式組織，不是他理想中的組織樣態。他更傾向於「班」這樣規模的大小，但因為「班」給

 《獨立台灣》

人太過渺小的印象，才改以「會」的名義。這不僅反映他的性格，也體現他親身經歷那麼多大型組織運作後的經驗。之所以命名為「獨立台灣」，乃因台灣尚未獨立，故要把「獨立」置於前，強調主動、行動的意涵。

在成立之初，匯集各方共識後，史明決定獨立台灣會採取公開的形式，《獨立台灣》作為機關刊物，便展現了公開的特性。然而在那個政治氣氛風聲鶴唳的年代，刊物的運作仍必須採取地下的形式，讓編輯和出版充滿了挑戰。《獨立台灣》每期印量從三千本到七千本不等，持續發行了七年多，從一九六七年到一九七五年間總共發行一百五十多期。在內容上，《獨立台灣》的主要目的是啟蒙。在史明看來，政治工作的優先順序，首重感情，其次為思想理論化和傳播啟蒙，最後才是行動。

《獨立台灣》的發行網絡遍及全球，包括加拿大、美國、歐洲和南美洲等地。因為不能公開聯絡，寄送的流程都必須依靠當地同志的聯絡處。沒辦法一次寄送上百或上千本，往往都是一本一本零星寄出，視當時獨台會的人手而定。為了加快寄送速度還採用空運，這在人力和財力方面都是相當大的考驗。

除了透過聯絡處分發，史明也會將《獨立台灣》寄送給他個人「名簿」上的人士，這些人是他從各方收集來，曾參加台灣獨立活動的人員，就是他打聽到可能對台獨有興趣的人士。寄送給這些人，有些投石問路的意味，藉此觀察他們的反應，期待能建立起新的網絡。

寄送最麻煩的地點，還是運送回台灣，只能靠地下工作人員夾帶闖關，每期流入台灣的數量大約只有百餘本。為了方便夾帶，《獨立台灣》後來就改為可以放進口袋的開本，比較不會引起他人的注意。執行這項偷渡刊物的任務，重點並不在於藏得隱密與否，而在通關時是否能神色自若。依史明觀察，女性表現往往比男性更為出色，不僅勇敢，藏東西的地方也多，有時可以一次攜帶六、七本。①

《獨立台灣》因為主張「理論與行動相結合」，得到海外留學生的回響，來自各地的稿件陸續增加。讀者也會在稿件中對史明提出質問，雙方針對特定議題進行理論上的討論，不僅深化台獨運動的理論層次，更形成意見交流的公共論壇，拓展了台獨的聯繫網絡，甚至促成台灣島內的祕密組織「台灣獨立革命軍」的成立。

《獨立台灣》這份刊物的壽命之長，在同類刊物中實屬罕見。到了一九七四年，由於無法同時兼顧島內外的工作，加上台灣在地民主運動的興起，《獨立台灣》終止發行。②

《獨立台灣》的發行提供了獨特的歷史視角，讓我們得以一窺二十世紀六〇年代末到七〇年代中期海外台灣獨立運動的面貌，反映出海外台灣人的政治訴求、思想演變和內部組織的分合。最重要的，是呈現當台灣本島受到層層壓抑，人民只能選擇沉默之時，這些身在海外的台灣人接下重擔，試圖找到發聲的可能，並將這些言論化為行動的努力。

①史明口述史訪談小組編，《史明口述史》（台北：行人文化實驗室，二〇一三），第二冊，頁八四－八九。

②史明，《史明回憶錄》（台北：前衛，二〇一六），頁四五三－四五八。

No.
26

油印機

宋朝畢昇（九九〇－一〇五一）發明活字印刷，曾是以前部編版課本裡歌頌的中國四大發明之一，多少有和西方古騰堡（Johannes Gutenberg，一三九七－一四六八）較勁的意味。雖然同樣發明了活字印刷術，概念相似，但帶來的影響卻截然不同，自首部以印刷機大量印製的《古騰堡聖經》後，活字印刷在西方受到大量運用，掀起了出版革命。中國的印刷主流則仍以木刻的雕板印刷為主流，但這無關乎技術高下，更多的是文字本質的差異，對於「方塊字」的漢字而言，活字的成本很高，反而木刻更為便利，同樣帶動了出版的浪潮，從宋到清，不同時代的刻本都各有特色。

這其實挑戰了人們對於「技術」的成

見，越「新」的科技並不等同於越「好」，而是視不同使用者需求決定。

今天一進入東京新珍味的史明紀念館，許多人第一個注意到的，多半是中央小桌子上那台手動油印機，歷經風霜的機身，本身就折射出歷史的重量，就算不了解機器實際的操作，或從來不曾聽過油印機，簡單明瞭的機身結構，也讓人可以立刻了然於心，甚至馬上在腦中浮現史明和同志一起操作的想像，充滿著地下革命的風情。

油印技術誕生於十九世紀末，在影印機還未普及之前，近一個世紀的時間裡，成為傳播資訊的重要方式。它的發明者是美國的發明大王愛迪生，確立了孔版印刷的運作，並在一八八七年以油印機為名開始銷售。操作時需要塗蠟的半透明蠟紙，上面印有方格，供刻寫時使用；另外需要一片謄寫鋼版，和謄寫用的鐵筆。首先將蠟紙平鋪在鋼板上，用鐵筆於其上刻寫內容，刻寫完成後固定在油印機細密的濾網上，用沾了油墨的滾輪從濾網滾過，油墨便可以透過蠟紙印在白紙上。

看似直接的原理，但操作起來卻沒有那麼容易，主要在於蠟紙很滑，鋼筆又很硬，刻太大力蠟紙很容易破裂，太輕字跡則會模糊不清，需要花很多時間才能巧妙掌控力道，更別說要如何讓字體好看或整齊的種種講究了。然而一旦熟能生巧，掌握了訣竅，那麼油印機就成為非常方便的印刷法，直到一九八〇年代中葉，學生的試卷、講義、校刊、海報、宣傳單……凡是需要複印的資料，都是用鋼版作業，像七〇年代在台灣的保釣運動，多數留下的文獻都是用鋼板印刷而成。「刻鋼板」成為當年許多知識分子社群裡，最熱門的「手工業」。[1]

油印很早就傳入日本，一般都將明治、大正時期的日本發明家堀井新治郎（一八五六－一九三二）視為第一人，他原本就對印刷設備感興趣，一八九三年他前往芝加哥參加世界博覽會接觸了油印設備，回國後成立堀井謄寫堂生產類似的油印設備，鋼板的耐用性讓油印取得市場壓倒性的地位，後來其他廠商也紛紛投入代理或生產，帶動出版業的榮景。殖民地的台灣也很快就受到這股風潮所影響，一九二〇年代台灣人逐漸成立屬於自己的印刷媒體組織，掌握技術與設備，進而以這樣的媒介為基礎，開展自己的論述，從傳統文人，進入印刷媒體的世代。[2]

獨台會一九八〇年代的機關誌《台灣大眾》和《蕃薯仔叢書》，有部分是採用油印的方式印刷出版。有趣的是，當時影印機或新式印刷機並不罕見，為何還要使用這種略顯「原始」的方式？據史明表示，當時一些地下的左翼組織，還是採取油印出版，雖然有能力改用新式印刷，但他還是希望以類似的形制，吸引更多同道。說明了媒介形式的選擇，不只是訊息的傳達，有時也涉及美感，或者這種手工的質地，正是史明想要的效果。

關於油印機的另一個未解之謎，則是究竟誰幫史明「刻鋼板」呢？目前只能確定應該不是史明自己手刻，但具體由誰經手，則沒有留下太多線索，然而那一個個方正的字體，今天看起來頗有簡樸的魅力，或許有可能轉化成數位字型。倘若真有那麼一天，傳承的不只是史明書裡的內容，也讓古今的流通形式，能穿越時空，彼此呼應。

① 〈油印〉，Wikipedia，網址：https://reurl.cc/zD668k 瀏覽日期：二〇二四年八月二十九日。〈留學生最熱門的手工業——手寫油印刊物〉，保釣50清華特藏，網址：https://reurl.cc/6dQQly 瀏覽日期：二〇二四年八月二十九日。吳芳枝，〈【消失的絕活兒】刻鋼板〉，《人間福報》，網址：https://reurl.cc/Kl33jp 瀏覽日期：二〇二四年八月二十九日。

② 〈堀井新治郎〉，Wikipedia，網址：https://reurl.cc/jyvygm 瀏覽日期：二〇二四年八月二十九日。藍士博，〈日治時期台灣印刷媒體「世代」的誕生：暨陳逢源個案研究〉，（台北：國立政治大學台灣文學研究所，二〇一一）。

No. 27

坐禪

一九七二年，嘉義市民族國小有十四名四年級的女生，因為看了當時華視播放的台語電視劇《媽祖傳》之後，十分羨慕劇中主角林默娘的坐禪得道，於是每天利用中午休息時間，一同前往吳鳳北路的城隍廟坐禪。連續數天後，被同學發現報告學校，校方隨即派人將學生帶回，婉言開導。校長還在朝會上，特別勸導學生「不要受神話蠱惑」，要好好讀書。這則新聞的最後，還特別寫下：這十四名女生在校長開導後，「大徹大悟」，覺得這幾天的坐禪「真是好笑」。①

算算時間，當年的小女孩如今已屆花甲之年，不知回想這段往事，是否還是覺得好笑？或者也會覺得有點無辜，畢竟日後各種打坐的書籍、課程蓬勃發展，有些

167　坐禪

出於宗教，有些則完全和宗教無關，強調坐禪或打坐對身心功能的療癒。比起校方將之視為怪力亂神的偏見，這幾位國小學生反而領先了時代。

坐禪是一種源自印度的修行方法，隨佛教傳播而在東亞地區廣泛流行。起源可追溯至釋迦牟尼的修行經歷，據佛典記載，釋迦牟尼在菩提樹下端坐靜思，最終悟道。佛陀成道後，常在白日坐禪，傍晚在屋外經行。日後坐禪成為禪宗的基本修行法，透過正確的坐姿達到精神集中和冥想的狀態。坐禪的正式坐姿是結跏趺坐，簡化版是半跏趺坐，也就是俗稱的盤腿坐。

坐禪的修行包括調身、調息和調心三個階段。調身是指採取正確的坐姿；調息是調整呼吸，使之平靜；調心則是調整心境，達到無念無想的狀態。禪宗不同派別對坐禪有不同的理解和實踐方法，但都旨在透過坐禪切斷一切念頭，達到開悟的境界。

在現代社會，坐禪已超越寺院範疇，成為普及的冥想方式，有助減壓提神。許多禪寺舉辦面向一般大眾的參禪會和坐禪體驗活動，使這種古老的修行方法在當代社會繼續發揮影響。②

公元十三世紀，日本道元禪師前往中國，師從天童山曹洞宗如淨禪師門下，返回日本後建立日本曹洞宗，強調打坐的重要，再加上澤木興道禪師在二十世紀的推動，無論是出於信仰或身心健康，在日本都非常流行。

史明在早稻田高等學院三年級時，為了養精蓄銳，統一精神，常和朋友一起去鎌倉的圓覺寺參禪。有時心血來潮，就坐上火車到福井縣，前往由道元創始，日本知名的禪修聖地永平寺，感受日本佛教的虔敬氣圍。③當時在早稻田大學，大學生之間很流行修養人生的風氣，週末一行七、八人到寺廟坐禪是很常見的事。

到了七〇年代，重啟地下工作的史明，在每次的行動時，憂心行動的成敗與成員的安危，內心都會非常煩躁。為了化解心緒的不安，史明重拾打坐的習慣。他本身沒有什麼佛教信仰，坐禪單純是為統一自己的思想，去除雜念，讓內心獲得安定。如同他做事一貫的認真，史明對坐禪也有深刻的體會，藉由對呼吸的調整，同時也去調整一個人的「形」，進入「無心」的狀態，免除思緒或情感的波動。史明一有空就會坐禪，一次二、三十分鐘，讓自己的心靈獲得喘息的機會。④

史明總是給人堅強的印象，在留下的各種回憶錄中很少流露出脆弱，許多挫折也常常輕輕帶過。透過打坐這樣的習慣，我們得以稍稍窺見一位革命者所承受的內心煎熬。也正因為有這樣平凡的一面，才彰顯了他一生堅持革命的偉大。

① 〈看電視受感染 女學生學坐禪〉，《聯合報》，一九七二年五月三日，第三版。

② 〈坐禪〉，Wikipedia，網址：https://zh.wikipedia.org/zh-tw/%E5%9D%90%E7%A6%AA 瀏覽日期：二〇二四年八月二十五日。

③ 史明，《史明回憶錄》（台北：前衛，二〇一六），頁二四八。

④ 史明口述史訪談小組編，《史明口述史》（台北：行人文化實驗室，二〇一三），第一冊，頁一〇六。

No.
28

跑步

目前史學界對於「慢跑」這項運動的歷史，似乎還未有深刻的研究。英文jog一詞可以追溯到十六世紀的英國，莎翁名劇《馴悍記》（*Taming of the Shrew*）裡就有使用這個詞彙，在當時多半意謂著「離開」。這個詞彙日後演變成用來形容有意或無意之間，短促快速的動作，到了十九世紀，逐漸形成今天慢跑的概念。

慢跑在二十世紀成為家喻戶曉的概念，美國是最主要的推手。在美國體育界多半都會用「路上訓練」（roadwork，原意指道路施工，取其雙關）一詞，指運動員在訓練時會加上跑步作為體能訓練的一部分，到了一九六〇年代「慢跑」（jogging）逐漸替代了「路上訓練」的用法，也獨立成為專業的運動項目，人們不

只養成慢跑的習慣，也組成慢跑俱樂部，並出現指導如何慢跑的專業書籍。①

日本人對慢跑的接受，除了順應著美國的發展，或許也和日本人長期對馬拉松運動的熱情有關，除了在國際賽事上表現優異，日本還有「驛傳競走」（駅伝競走）賽事的傳統。這樣長程的接力賽首次於一九一七年舉辦，從京都跑到東京。此後各地都有舉辦類似的賽事，其中每年元月二日到三日的箱根驛傳競走是日本跨年假期的大事，由日本馬拉松之父金栗四三等人於一九二〇年創辦，共二十一支大學隊伍參加，每隊十人完成兩百一十七．一公里的賽事。影響所及，即使是業餘的慢跑俱樂部，都還是帶有超越自己成績的鍛鍊色彩。②

當然，多數人慢跑還是以健康為目的，不像運動員那樣去挑戰極限，「健康」不只是體能方面，跑者在過程中心理所獲得的舒壓和調節，也是許多人愛上跑步的原因。

史明在日本時也開始跑步，目的和游泳一樣，是要保持體魄的強健，作為推動革命的本錢。決定運動的契機，是在撰寫《台灣人四百年史》的時候，餐廳和寫作兩頭燒，讓中年的他漸漸感到難以負荷，開始藉由慢跑和游泳來鍛鍊體力。他都是在下午兩、三點，店裡沒什麼客人的時候去運動，他不喜歡在運動場上繞圈的方式，大多在住宅區裡的街道慢跑，從西池袋一路跑到新宿，再搭電車返回，估算約五公里左右的距離，花費一個半小時左右的時間。③

可惜的是，回台之後史明不再跑步，在日本時跑步的裝備也就沒有留下。倒是留下另外一件和跑步有關的軼事，偶爾遇到革命工作不順心時，史明會跑到池袋大橋，仰天大喊「台灣獨立萬歲！」這或許也間接說明了跑步對歐吉桑來說，不只是為了保持體能，也是某種心情的宣洩吧。

慢跑在二十世紀後半已成為全民運動，很多人都很熱中。同樣是台獨前輩的蔡同榮就以喜歡跑步聞名，被列入海外黑名單的他，在美國時曾獨排眾議舉辦「為台灣民主而跑」（Run for democracy on Taiwan）活動，提升了台獨運動在美國的能見度。④

日本作家村上春樹也是出名的跑者，他曾形容自己跑步的目的：「……我靠著不斷在物理上繼續運動著身體，有時不得不靠著把自己逼到極限，以療癒、和對抗身上所懷的孤絕感。與其說是刻意的，不如說是憑直覺的。……當受到某人無故的譴責時（至少我這樣想），或以為理所當然會被接受卻不被接受時，我會比平常多跑長一點的距離。藉著跑比平常長的距離，讓自己的肉體多消耗一點，且重新認識自己是一個能力有限的、軟弱的人。在最底部做肉體性的認識。然後比平常跑得多，讓自己的肉體確實強化，即使只不過些微差別。」⑤不知為何，讀到這段話，總讓人不自覺聯想起那個在東京街頭奮力跑步的史明。

① 〈Jogging〉，Wikipedia，網址：https://en.wikipedia.org/wiki/Jogging 瀏覽日期：二〇二四年八月十五日。

② Adharanand Finn 著，游淑峰譯，《跑者之道：一趟追索日本跑步文化的旅程》（台北：時報，二〇一六）

③ 史明口述史訪談小組編，《史明口述史》（台北：行人文化實驗室，二〇一三），第二冊，頁四二－四三。

④ 鄒武鑑，〈為台灣而跑、為民主而活的「清教徒」——蔡同榮〉，銳傳媒，網址：https://reurl.cc/93Oj6x 瀏覽日期：二〇二四年八月十六日。

⑤ 村上春樹，賴明珠譯，《關於跑步，我說的其實是……》（台北：時報，二〇〇八），頁三〇－三一。

No.
29

旗幟

《宅男行不行》（*The Big Bang Theory*），是美國哥倫比亞廣播公司（CBS）於二〇〇七年推出的情境喜劇，歷經十二季，於二〇一九年完結。劇情圍繞在加州理工學院的四位理工宅男一同生活的點滴趣事。該劇以輕鬆幽默的方式呈現大眾對理工人的刻板印象，使觀眾得以親近極客文化（Geek Culture），播出期間屢獲獎項肯定，已成為美劇的經典之一。劇中最鮮明的角色，無疑是謝爾頓·庫珀（Sheldon Cooper）這位有著強迫症人格，不擅社交的天才，他既讓人又氣又好笑的各種舉止，成為全劇的一大亮點。

國旗是謝爾頓眾多興趣之一，他擁有各式各樣旗幟的小知識，還在劇中自製 YouTube 頻道「有趣的旗幟」（Fun

with Flags），專門講述與旗子有關的大小事。儘管劇中故意以旗子的冷門知識製造笑料，但某些內容確實充滿了引人入勝的趣味知識。

將布面或紙等輕薄材料書寫或繪製後，綁於竿上高舉或豎立，用以宣示群體認同或表達特殊意義，這幾乎可說是人類的本能，具有悠久的歷史。雖然具體起源不明，但最早的旗幟通常追溯至中國戰國時期的軍隊，用於識別和指揮。古埃及的陶器上有著類似旗幟的描繪，大抵也是用於作戰的需要。①可見在人類文明的初始階段，旗幟就已經在空中飄揚。

獨台會的標誌，是一枚鮮紅色向上的箭頭，由史明所設計，簡單明白，辨識度極高。一九六〇至七〇年代，獨台會尚在海外活動，史明以紅箭頭為主體，搭配「建國／獨立」、「倒蔣／建台」、「台灣民族獨立／勞苦大眾出頭天」等口號，委託熟識的日本工廠，製成黏力極強的貼紙，用地下管道送回島內，交給島內的地下成員，以單線一個傳給一個，伺機貼在公車、貨車，甚至軍營內，貼紙下方署名「獨立台灣會」或「台灣獨立革命軍」，作為革命的宣傳。②

這個箭頭圖案也使用在獨台會的旗幟上，那是一幅水藍色的旗面，中央是白色的台灣剪影，紅色箭頭位於台灣中心。整幅旗面呼應著史明一貫的宣傳風格，不用課文解析，任何人一眼就能理解其中蘊含的向上提升台灣之意。③這幅旗幟，目前在新珍味發現三種試做版本：一是現行的設計；二是將白色台灣改為鮮紅色，箭頭則改為白色；三是保持整體不變，但箭頭前端由一分為三，分別指向兩點、十二點和十點方向。

遺憾的是，史明對這三種旗面設計，在口述或回憶錄中似乎都沒有說明，然而，紅箭頭的涵義可以在鄭評（一九二七－一九七四）的紀錄中窺見一二。

一九七一年在台北經營麵包店的鄭評，透過關係來到新珍味拜訪史明，加入了獨台會，史明交給他通信路線，以及紅箭頭的標記，史明在回憶錄表示是「台灣獨立，勞苦大眾出頭天」之意，讓他回去建立支線。之後，鄭評積極奔走，頗有成效，但史明也隱隱覺得操之過急，尤其當鄭評進一步提出要槍擊蔣經國的計畫，史明最後雖然同意，但還是希望能稍稍放緩腳步，等萬事俱備再行動。不幸的是，鄭評已經被國民黨的特務盯上，在一九七三年十月十日將之逮捕，處以死刑。④

據國家人權記憶庫鄭評案的相關整理，其中提到：「施（引按：指史明）明示『台灣獨立黨』（引按：應為鄭評在台灣自己命名的組織名稱⑤）應以農工階級為發展基礎，並囑製發證章以箭頭為圖案，因箭頭象徵一戴斗笠之農民或一把工人所用的斧頭。」⑥

得知鄭評被槍決的消息，史明自責至深，連續兩、三天吃不下飯，認為自己未能善盡督導的職責，造成鄭評的犧牲。在口述訪談中，史明特別強調鄭評的犧牲是需要深刻反省的事，畢竟，有多少人願意為了台灣而犧牲生命？不應該輕易遺忘。⑦

也許日後當我們注視獨台會的旗幟，看到那矗立在海洋台灣之上的箭頭時，應當記住：那鮮紅的色彩是無數先驅者以犧牲染就的。正是因為有這些前輩的奮鬥，台灣才得以不斷向上提升，邁向更美好的未來。

① 〈Flag〉，Wikipedia，網址：https://en.wikipedia.org/wiki/Flag 瀏覽日期：二〇二四年八月二十八日。

② 史明，《史明回憶錄》（台北：前衛，二〇一六），頁四九六－四九七。

③ 可參考新聞〈獨台會撐大旗挺香港「史明若在一定衝第一」〉，芋傳媒，網址：https://taronews.tw/2019/09/29/480432/ 瀏覽日期：二〇二四年八月二十八日。

④ 史明，《史明回憶錄》（台北：前衛，二〇一六），頁五〇九。

⑤ 史明口述史訪談小組編，《史明口述史》（台北：行人文化實驗室，二〇一三），第二冊，頁一一三。

⑥ 〈鄭評〉，國家人權記憶庫，網址：https://memory.nhrm.gov.tw/TopicExploration/Person/Detail/5286，瀏覽日期：二〇二四年十月二十八日。

⑦ 史明口述史訪談小組編，《史明口述史》（台北：行人文化實驗室，二〇一三），第二冊，頁一二四－一二五。

一九九三—二〇一九

陸上行舟：在體制外堅持的革命智者（一九九三—二〇一九）

一九八〇年代初期史明就開始計畫返回台灣，如同獨台會一貫的主張「主戰場在島內」，但史明做事一向謹慎，在確立回台灣的計畫後，他就開始進行各種準備，籌措資金外，並趁著特務組織控制力的鬆動，讓台灣人大批來日本受訓，藉由不同的管道，了解台灣內部的情形。一九九一年爆發獨立台灣會案，調查局以加入獨台會為由，逮捕了廖偉程、陳正然、王秀惠與林銀福（Masao Nikar）等四人，若依照《懲治叛亂條例》與《中華民國刑法》第一百條的內亂罪，有可能會被求處唯一死刑，引發民間激烈的不滿，顯示即使宣布解嚴，但在相關法令沒有徹底清理的前提下，台灣依舊受到威權陰影籠罩。案發後史明一度打算立刻回台，但礙於台灣地下同志表示執行上面臨困難，計畫被迫延後，直到一九九三年才成功返台。

獨台會案體現了解嚴後的台灣現實，解嚴雖然看似帶來各方面解放，但離正常化的國家，還需要漫長的努力，不是藉由單一事件就能一蹴可幾，得依賴長期的調整和積累。一九八七年至一九九二年是台灣變化最劇烈的年代，人民不時走上街頭示威抗議，動輒數萬人，警民對峙甚至衝突的報導和畫面經常占據新聞版面。中央則在李登輝（一九二三－二〇二〇）總統主導下，與反對黨民進黨裡應外合，共同面對來自國民黨內部強大的保守勢力，以民主化和台灣化為方向，推動一系列的修憲。以此作為法理基礎，才有一九九六年的總統直選和二〇〇〇年的政黨輪替，一步步推進學者所言「中華民國台灣化」的過程。

隨著體制的變革，史明將重點由過去的武裝革命，轉而放在「組織」和「啟蒙」上，希望在體制外打下台灣獨立的基礎。他於各處設立獨台會分會，成立宣傳車隊定期上街，並開設地下電台，都是出於相同的理念。他敏銳意識到體制內改革的有限性，必須在體制外，由草根出發，強固人民對台灣獨立的理解與信念。制度的改革終究只是打造「工具」，交到不同人的手上，很可能導向不同的結果，既可載舟亦可覆舟，甚至還可能再遭修改。唯有人民擁有民主化和台灣化的共識，匯聚成民間自主的力量，才能有效的監督和引導制度的運行。

選擇體制外這條道路說來簡單，實際上充滿孤單。社會長期積累的不滿，在經歷解嚴前後的洩壓之後，動能逐漸被導向體制內的運作，特別是對於選舉的投入，「瘋選舉」成為台灣政治的日常，一般人往往直觀地將投票和「民主」畫上等號，忽視了公民應有的責任和義務。台灣民主化和台灣化的過程從來不是直線般的前進，而是一條曲折的道路，有著體制內各式各樣的妥協與折衝，永遠在前往正常國家的路上，而非終點的彼岸，更不用說，不時還會遭遇反撲而倒退。九〇年代末到二十一世紀初期，中國在經濟上快速崛起，成為全球排名數一數二的經濟體，更在各方面威脅著台灣，透過直接或間接的手法，試圖介入台灣的政治。就像宣傳車隊在初期不時遭到的冷眼相待，史明和獨台會體制外的選擇，沒有組黨也沒登記選舉，似乎注定孤獨，卻又預示了前方的風險。

二〇〇五年中共制定反分裂國家法，國民黨副主席江丙坤和主席連戰相繼訪中，後者還與中共中央總書記胡錦濤會面，共同發表聲明。八十八歲的史明和獨台會成員，試圖在連戰出發前，於高速公路飛車阻擋，並在機場爆發劇烈衝突，但終究無法擋下連戰的「和平之旅」，甚至還遭到法辦。緊接著二〇〇八年台灣二次政黨輪替，由國民黨的馬英九取得總統大位，並在二〇一二年順利連任。中國與台灣之間的天平開始傾斜，幾十年下來台灣在體制內改革取得的成績，似乎一點一滴地土崩瓦解，台灣化的方向默默遭到扭轉。

二〇一四年爆發的太陽花學運，起因於國民黨立委張慶忠將《海峽兩岸服務貿易協議》強送立法院院會存查，程序的不正義激起以學生為主的群眾占領了立法院的議場，持續五百八十五個小時，擋下了服貿協議，限制中國影響力在台灣的進一步擴張。在這近一個月的時間，史明數度前往現場，為學生打氣，也獲得場內外學生的擁護與喝采。這在幾年之前，大概是難以想像的畫面。或許是長年下來的堅持開花結果，也或許人民在「公民不服從」的行動中，意識到史明所主張體制內外需並進的重要，也或許是親自履行公民責任時，了解到史明在《台灣人四百年史》一書中反覆強調，身為「台灣人」的尊嚴與意義。

二〇一九年九月二十日，史明在台北醫學大學附設醫院病逝，享嵩壽虛歲一百零三歲。

史明在準備離開太陽花學運的立院現場時，曾緊握著林飛帆的手說「我都在外面」，意指他會在立院外跟著學生一起。①台灣的未來還有漫長的道路，需要人們努力向前，不管橫隔在中間的挑戰多麼艱難，史明歐吉桑會一直都在。

台灣獨立是自己要做自己的主人，是一個「人權」的問題。身處於自由民主時代的人們，一定要擁有自己國家的權力，而國家的主權必須在民。台灣人追求獨立，只是希望跟世界上其他國家的人平起平坐，這是天經地義、理所當然的事情。我一直相信我所做的事情沒有錯，更相信台灣人要自己當家作主是對的事情。台灣人的祖先留給我們「出頭天，做主人」的傳統，因此台灣獨立是我們台灣人共同的使命。

——史明

①史明，《史明回憶錄》（台北：前衛，二〇一六），頁六八四－六八五。

No.
30

宣傳車

在史明文庫裡保存著一張獨台會宣傳車輛的設計圖，這張圖以油性的細字筆和尺繪製，簡單的線條，方正的格線，勾勒出貨車的側面外觀，並加上欄杆，於需要改裝處註明尺寸，另繪製了長方形的正面圖。整張圖給人工整、嚴謹的印象，既不草率又易於理解。具備基本鐵工技術的人，應該都能按圖打造出被獨台會成員稱為「戰車」的車輛。

一九九三年史明返台後，首要任務是讓海外成立的獨立台灣會，在台灣枝開葉散。作為革命者，史明最厲害的或許還是他對時局的敏銳。他深知工作的重心必須轉移至「啟蒙」與「組織」，這兩項任務看似革命的基本功，但實際執行卻充滿挑戰。史明採取的諸多策略之一，就是成立

 宣傳車

宣傳車隊，不僅作為遊行抗議的先鋒，更要常態性地進行街頭宣導。①

車隊於一九九四年在高雄成立，宣傳車的模樣和設計圖相差無幾，黃色的車身，車廂以看板包覆，兩側書寫著斗大的「台灣獨立」四字，上下各有一行小字，上行是「消滅外來殖民體制」，下行則是「勞苦大眾出頭天」。車頂架有欄杆，讓人可以站立其上，敲打著架設好的鑼鼓，四週插滿旗幟，並配備擴音喇叭。與一般播放錄音帶的宣傳車不同，這支車隊都是現場敲鑼打鼓，高呼「台灣要獨立，獨立救台灣」的口號。

車隊迅速擴充，最多時達二十三輛車。成立不久後，史明便率領車隊環島宣傳，總共環島四次。從一九九五年三月二十九日開始，每週六、日固定出車，穿梭於台北的大街小巷。除了打造宣傳車之外，更關鍵的，還是要有司機駕駛，司機大多從獨台會舉辦的講習會中募集，往往以計程車為業。

在台獨被官方極力汙名化的年代，特別是在台北，人們看到這樣的車隊常常避之唯恐不及，彷彿見到「歹物仔」。有時甚至會換來鄙視的眼光，同時還得應付統派人士的挑釁。在那樣的社會氛圍下，能堅持每週上街二十年，需要的毅力是常人難以想像的。

就像台灣文學研究者陳芳明所形容的：「他的宣傳車，在館前路那邊繞，一邊喊著台灣民族獨立萬歲，我覺得那個真的是，跟所有人都不一樣，非常不合時宜的人。」

或許只有無視「不合時宜」的人，才能讓理想和使命持續延續。至於車隊發揮的影響力？別的不說，忠哥②就是在一九九五時被車隊所吸引，立刻去參加講習活動，一週後就從路旁的觀眾變成了車隊的一員，並陪歐吉桑走到最後。③

① 史明，《史明回憶錄》（台北：前衛，二〇一六），頁六〇七—六〇八。

② 李政忠（忠哥），台北人，一九九五年參與獨立台灣會講座與車隊活動，後來協助打理史明先生生活起居。忠哥喜好音樂，記性很好，許多史明先生晚年的交遊情誼，都可以透過他的轉述如躍目前。目前擔任史明教育基金會副董事長。

③ 史明，《史明回憶錄》（台北：前衛，二〇一六），頁六一八—六二〇。

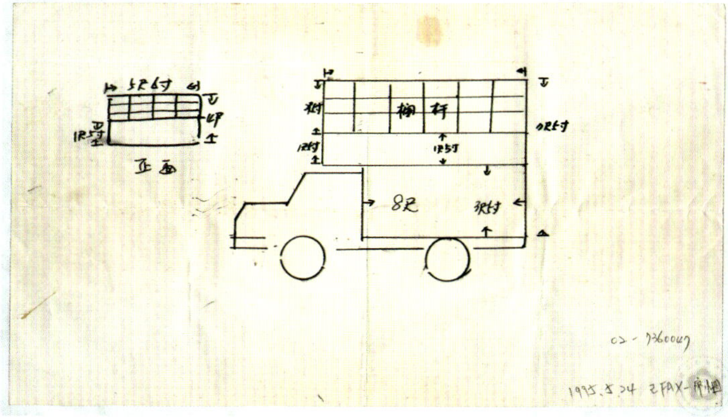

〈宣傳車設計圖〉，（台北：國立政治大學圖書館「史明文庫」），ccl_sb_ma_01247。

No.
31

電台

從一九九〇年開始，電台廣播逐漸成為台灣反對勢力對抗官方體制最重要的異議媒體。

廣播出現在台灣，可以上溯至一九二八年台北廣播局的開播，從日本到民國，多數時間廣播都是受當權者所管控，難以擺脫官方的掌握。在一九八六年解嚴前後，民間力量主要以黨外雜誌作為對抗威權的工具。到了九〇年代，雜誌的影響力逐漸讓位給了地下電台。

目前學界共識，當時擔任立委的張俊宏應該是首位將地下電台用於反對運動的人，他在一九九二年初用簡單的設備在立委辦公室架設電台。但真正讓地下電台發

揚光大的，是曾租用張俊宏頻道的許榮棋。他於一九九三年底創辦的「台灣之聲」電台吸引了廣大的計程車司機聽眾群，大量運用 call-in 節目，讓這些「街頭評論家」有機會公開針砭時事，掀起了政治地下電台的熱潮。

地下電台私用電波本身就直接挑戰了對威權對廣電資源的壟斷，再加上許榮棋不時用電台號召群眾上街抗議，更是觸動執政者最敏感的神經，自一九九四年起，政府開始陸續發動一波波的「抄台」行動，不僅造成警民對抗，也成為當時朝野政治攻防的焦點。①但政府的查禁，無法壓抑人民聆聽的渴望，不同立場或背景的政黨或族群，也紛紛組成類似的電台，讓台灣的空中電波呈現百花齊放的樣貌。

地下電台能吸引這麼多的聽眾，甚至還能動員群眾，成為選舉的助力，是二十世紀末台灣政治中值得深入研究的重要現象之一。有學者就以社會學的「公共領域」（public sphere），形容地下電台所扮演的角色。對一般大眾來說，不管是設立電台、主持或收聽節目，甚至 call-in 表達自己的見解或心情，相對而言門檻都不算太高。經營地下電台，需要大量的「魅力資本」和「情緒能量」，擁有魅力的人可以主持節目吸引大量的聽眾，並募款讓電台運作。情緒能量則能喚起和聽眾的共鳴，匯集出義憤填膺的集體感受，對公眾事務表達不滿進而批判，甚至凝聚共同的目標和使命，鼓動實際的行動。傳統的階級或教育程度之類的隔閡，都無法攔阻空中的電波。即使有可能流於煽情和情緒化的偏失，但也同樣具有理性溝通與討論的潛能。②

史明很早就意識到無線電波的宣傳效力，他和常來新珍味的日本赤軍成員學習無線電技術，試圖在與那國島上架設無線電放送台，向台灣廣播台獨思想。之所以選擇與那國島，除了距離台灣僅一〇八公里，很適合傳遞電波，另一方面則是因為這座島雖然是日本領土，但日本政府並未妥善加以管理，得以趁便架設塔台。

整個計畫從一九七〇年開始進行，史明先派成員取得日本「業餘遞信師」的執照，能執行電台工作，並派人前往台灣調查天線指向等具體細節。緊接著就著手在與那國島上架設電塔的設備，從工程圖到原料再到施工，前前後後花費了大量金錢和人力。好不容易電塔工程竣工，沒想到一九七二年美國將琉球交還日本，緊接著在一九七五年左右，日本放送協會

（NHK）就在與那國島建立電台據點，直接覆蓋掉史明的電台訊號。最後史明只能接受計畫失敗，將已完成的電台設備推入大海，前後兩千萬元的開銷，全部付諸流水。[3]

一九九三年返回台灣的史明，重啟架設電台的計畫。當時在台大教書的陳貴賢，在羅斯福路一帶和友人一同架設了「TNT寶島新聲廣播電台」，以年輕的教授為主軸，號稱是當時水準最高的地下電台。[4]陳貴賢一九八八年在哈佛與史明結識，[5]史明視其為同志，對方原本希望邀請史明一同加入電台，但因電台已有陳水扁、謝長廷等人投資，史明認為政治上過於複雜，並沒有答應。他改請陳貴賢幫忙購置器材，於一九九六年十一月成立了「台灣大眾地下廣播電台」，位置在和平東路、羅斯福路的十字路口，恰巧在趙少康創辦的飛碟電台對面，十幾坪的場地連同裝潢和設備，共花了三百八十萬元。

每週一到週五晚上七點到九點，史明都會在《我愛台灣》節目，講解台灣歷史、台灣民族主義、國民黨殖民體制，又或者介紹西方民主主義、社會主義、馬克思主義等思想，類似為大眾開設的講習會。遇到選舉期間，尤其像是一九九六年或二○○○年的總統大選，節目也會討論台灣的政治現況，強調「台灣人要選台灣人」的口號。史明還會在節目中接 call-in，打電話進來的觀眾很多，歐吉桑並不是單純和聽眾聊天，而是具體詢問對方的生活狀況，從他們所身處的現實出發，了解對方的想法。電台也有輕鬆的一面，會播放音樂，由當時剛加入獨台會的李政忠負責，同時管理電台的設備。史明很稱讚他的音感和品味，認為沒去當音樂家很可惜。

或許因為電台規模不大，沒有遭到政府的抄台。但史明堅持不放廣告，避免模糊電台創立的理念和立場，在沒有收入的情況下，電台營運每月需要二、三十萬左右，無疑是筆很大的負擔。二○○一年因為資金調度和史明生病的緣故，忍痛關台，以五十萬元的價格頂讓給別人，只剩下史明文物館所陳列的中控台，替電台留下紀錄。

但這次的關台和與那國島的電塔不一樣，不再沉沒於大海深處。先不論五年來影響了多少聽眾，當時電台節目都留有錄音，史明教育基金會捐了兩千七百八十五卷大眾電台錄音帶，交由國家電影及視聽文化中心進行數位化、析聽、詮釋等工作，預計二〇二四年會全數完成，納入文化部國家文化記憶庫。⑥也許在不久的將來，這些錄音能重新活用，讓我們能在空中再次與歐吉桑相會。

① 馮建三，〈異議媒體的停滯與流變之初探：從政論雜誌到地下電台〉，《台灣社會研究季刊》第二十期（一九九五），頁一七七—二三四。

② 林芳玫，〈尋找台灣社會的公共領域——地下電台與頻道開放的陷阱〉，《聯合文學》第一二五期（一九九五），頁一四〇—一四三。

③ 史明口述史訪談小組編，《史明口述史》（台北：行人文化實驗室，二〇一三），第二冊，頁一〇八。史明，《史明回憶錄》（台北：前衛出版社，二〇一六），頁四九八—四九九。

④ 王映月，〈寶島新聲：一群年輕教授的夢想〉，《聯合文學》第一二五期（一九九五），頁九七—九八。

⑤ 史明，《史明回憶錄》（台北：前衛出版社，二〇一六），頁六三五。

⑥ 此外還有一〇七卷錄影帶，一一七卷 MiniDV。

No. 32 桃園機場

隨著國人海外旅遊的盛行，多數人對於台灣桃園國際機場並不陌生，這座機場從一九七九年二月二十六日啟用迄今，幾乎可以等同於台灣的門戶。二戰結束後，中華民國政府將日治時期位於台北松山的台北飛行場，更名為「台北航空站」，從軍用改為軍民共用，到了一九四九年國民黨政府遷台，將松山機場定位為國際機場，多次加以整建，但最終受限於地形，尤其在台北市區快速開發，腹地有限的情況下，松山機場不再適合國際線的任務，政府最後改在桃園另行興建國際機場。

桃園機場竣工在當時是官方宣傳的十大建設之一，剛落成時總面積為一千二百餘公頃，是松山機場的六倍大，並且有著豪華的航站大廈，對外除了因應一九七八

205　　桃園機場

年底通過「國民申請出國觀光規則」，台灣人民可以出國觀光的熱潮，也希望藉由機場的設立，帶動桃園一帶的觀光和繁榮。政府並將機場命名為「中正國際機場」作為對蔣介石的紀念。①此後，桃園機場也不斷擴建，然而光鮮亮麗的外表下，飛機起降的轟鳴與週邊的禁建限制，始終如陰影般籠罩著大園鄉的居民。②

桃園機場之於史明，不只是一般出國往來的地方，更深刻的連結是在二〇〇五年阻擋江丙坤及連戰的訪中行程。

二〇〇五年中國通過「反分裂國家法」，不僅重申「一個中國」原則，更明確列出中國政府可能對台灣採取「非和平方式」的三種情況，對台灣的主權和安全構成嚴重威脅。在史明看來，這是非常嚴重的事，將侵略台灣的意圖法制化，但許多台灣人卻漠不關心，這樣的沉默等於助長了中共的統戰。史明先是與台灣教授協會合作，在台灣大學正門口展開靜坐抗議；在為期十二天的靜坐，因「反『反分裂法』大遊行」的舉辦提前結束，他又號召五十輛計程車，加入遊行，在街頭示威。

當史明得知國民黨副主席江丙坤和主席連戰竟在這樣的時刻接連出訪中國，認為會讓國際社會誤認台灣已默認反分裂法，應該給予最嚴厲的批判。在江丙坤訪中返台時，史明率領近百名獨台會和台灣教授協會支持者，在桃園機場一期航廈抗議，但因人數有限，被警方阻擋，讓江丙坤從二期航廈離開。

之後，史明又策動了「四二六高速公路擋連事件」，試圖阻止連戰前往中國。有了上次的經驗，這次的計畫更加縝密。史明事先調查連戰的住所和常待的地方，並加上國民黨黨部，採用他一貫單線組織的運作方式，在林口安排一組、台北安排六組人馬，分別盯哨，確保無論連戰從哪裡出發，都能及時得到消息。他又動員了七十輛計程車，分成兩路，在南崁和林口待命，彼此並不知道對方的存在，為了保密，大多數參與者事先也不知道具體的行動內容。

四月二十六日當天，林口傳來連戰車隊出現的消息。史明的車隊立刻前往攔截，但警方迅速出動，甚至掏出手槍。史明親自下車鼓舞士氣，成功阻擋了四、五分鐘，最終連戰車隊在優勢警力的保護下突破重圍。

在連戰車隊突破高速公路封鎖後，史明和獨台會的成員迅速追至桃園機場。抵達機場時，現場已經人聲鼎沸，反對和支持的兩造人馬齊聚，局勢混亂。史明到達四樓出境大廳後，往下俯瞰，驚見多位六、七十歲的老人遭到藍軍的黑衣人毆打，頭破血流。面對這般暴行，他當機立斷，決定引爆事先準備的鞭炮，以此對抗黑道勢力。

雖儘管未能阻止連戰登機，獨台會成員依然不屈不撓，在出境大廳高聲呼喊「台灣民族出頭天萬歲」、「台灣獨立萬歲」等口號，堅定地表達立場和訴求。這次行動的代價不小，史明本人，以及獨台會成員黃敏紅③、傅榮嵐都因此被判刑，可以易科罰金；還有二十餘張交通罰單，全都由史明一力承擔。

別忘了，當時史明已經是八十八歲的老人。④

在桃園機場這個舞台上，我們得以一窺史明作為革命家的面容。他不是紙上談兵的空談者，而是以實際行動踐行理想的革命家。他總是身先士卒，與民眾並肩而立，甚至不惜衝鋒陷陣，站在抗爭的最前線。

① 陳繼善，〈百年來中華民國空中交通運輸事業的回顧（1912-2011）〉，《國立政治大學歷史學報》，第三十六期（二〇一一），頁二三九—二四〇。羅曼，〈中正國際機場簡介〉，《中央日報》，一九七九年二月二十三日，第十一版。

② 〈中正機場誠意不夠 鄉民有話說〉，《中國時報》，一九九四年五月七日，第十四版。

③ 黃敏紅，一九九五年因朋友介紹，至獨立台灣會上史明開設的「台灣民族主義研習班」課程，車隊成立後，她加入每週六、日的街頭宣傳，沿街打鼓喊話，宣傳台灣獨立的重要性，直到史明過世，宣傳車也因老化而解散。目前擔任史明教育基金會董事長。

④ 史明口述史訪談小組編，《史明口述史》（台北：行人文化實驗室，二〇一三），第三冊，頁一一五—一二一。史明，《史明回憶錄》（台北：前衛，二〇一六），頁六四〇—六四七。

No.
33

丹寧衣物

史明的顏色，是丹寧布的藍色。

一身丹寧製成的衣物，上半身不是丹寧襯衫就是外套，下半身則是直筒牛仔褲，幾乎成為史明的固定打扮，也是許多人想起歐吉桑時，立即浮現的印象。

從史明日本時期留下的照片可見，他並非一開始就是全身丹寧的造型。一九五〇、六〇年代的照片裡，他要不是穿著正式西裝，就是簡便的襯衫配西裝褲，或在新珍味工作時的廚師服。牛仔褲似乎在八〇年代前後開始出現在史明的穿搭，九〇年代回到台灣後，才又加上了丹寧的外套或襯衫。

這或許也與丹寧服飾在日本的發展歷程相契合，牛仔褲在五〇年代末期隨著美軍來到日本，最初在黑市流通，被稱為「美

國大兵褲」（ジーパン），隨著好萊塢電影的風靡，逐漸在日本熱賣。一九五七年日本政府放寬對進口服飾的限制，讓Lee、Levi's等知名大廠大舉進入日本市場。六〇年代中期，日本在地的紡織業者積極開拓本土品牌，克服技術和原料的難關後，在一九六〇年代誕生了岡山的BIG JOHN，和東京的EDWIN。

一九六七年日本爆發大規模的馬克思主義學生運動，其中最著名的，是占據東京大學安田講堂長達一年的「全共鬥」。在這些抗議現場裡，牛仔褲成為學生的標準裝備。本土產品的親民價格，加上時代的氣氛，使丹寧服飾成為日本流行文化的一環。如今原版丹寧的古著，不管是褲子、夾克或襯衫，在日本都是玩家的珍藏，價格昂貴。不少服飾名牌也屢屢復刻這些經典款式，或以其作為靈感，讓日本甚至超越了美國，成為全球牛仔服飾的流行重鎮。①

丹寧布歷史源遠流長，十九世紀中葉在美國廣泛用於勞動階級的工作服，成為工人階級的象徵衣物，又經過一九六〇年代全球反文化浪潮的洗禮，讓丹寧衣物保有反叛的色彩。倘若把服飾視為一種自我宣言，這些附加的意義，可能都是史明選擇一身牛仔勁裝的原因。當然，也可能只是出於單純的實用考量，丹寧耐磨耐用，適合奔走活動，在台灣稱為「打鐵仔褲」，是勞動者的象徵。這與他一九九三年返台被捕後，在法庭上的宣言相呼應：「我不是為了找親戚，而是為了打倒國民黨殖民體制、讓台灣獨立才回來台灣。」②這身丹寧裝扮，可謂再適合不過。

可以確定的，史明這身打扮絕非追求流行，更不是什麼名牌。或許，衣服本身並沒有意義，被不同人穿著就有不同的價值。史明之後，丹寧服之於台灣，不只是美式工裝又或日本風尚，也不單純指涉勞動階級，更成為「台灣獨立」堅毅與韌性的象徵。

---

① W．大衛．馬克思著，吳緯疆譯，《洋風和魂：美式流行╳日本改造，戰後日本的時尚文化史》（台北：二十張出版，二〇二三），頁一〇五－一二九、二三五－二六四。

② 史明口述史訪談小組編，《史明口述史》（台北：行人文化實驗室，二〇一三），第三冊，頁八二一。

No.
34

拐杖

晚年的史明，身邊總有拐杖。

他拄著拐杖，穿梭在二十世紀前後台灣各地的街頭，實踐著他「接近大眾」的理念，和群眾同甘共苦，「出日頭大家一起晒，下雨大家一起淋雨」。①到了晚年，體能隨著年紀衰退，拐杖更加不離身，即使坐著也會輕輕握住拐杖，像是某種習慣。

因為拐杖不離身，很多人送他拐杖，其中不乏高級精品，但史明只喜歡這支慣用的籐杖。這支木色的籐杖由天然籐條製成，杖身不高，剛好是史明雙手自然垂下的高度，有著可握可撐的圓弧把手，重量輕盈，韌性勝過堅固。長年使用下來，杖身有不少斑駁，但仍可見得原本籐皮的色澤，光滑油亮。只有杖端因為長期接觸地

215　　拐杖

面，開始產生裂痕，為防止發生意外，忠哥才加上防滑底套。

今日拐杖的型態脫胎自西方的紳士杖，日本在明治年間開始流行，成為身分的象徵，《台灣日日新報》上也不乏「洋杖」的報導。台灣的籐業歷史悠久，清代就有相關紀錄，在日本殖民政府的開發下，籐具成為台灣的重要產業，主打高階市場。位在台北的中島商會就是當時知名的籐具店之一，歷史作家陳柔縉的《一個木匠和他的台灣博覽會》一書，以一九三五年台灣博覽會時的紀念戳章為主題，其中就收錄了中島商會宣傳用的紀念章，並附上一張擺滿籐製家具的店頭照片。②

日台合作的籐業榮景一直延續到戰後，甚至在一九六〇年代台灣還贏得「籐具王國」的美名，直到一九八八年印尼政府宣布禁止籐材出口，才因原料缺乏而日漸式微。③然而，籐製家具仍是許多台灣人成長時的回憶，至少大家都不會忘記老師手裡的那根籐條。

史明使用拐杖自然無關身分，否則就不會選擇輕便的籐杖。他身旁的人都已經記不得拐杖的來歷，不知道誰把拐杖遞給九〇年代剛回台灣的史明，他覺得順手就一直用下去了。為何要使用拐杖？敏紅姐開玩笑地說：「因為日本的路都很鋪得很平，台灣路都鋪得很糟，坑坑洞洞那麼多，回來台灣才開始需要拐杖。」玩笑之外，她也認真補充道：「也許就和床邊的木刀一樣，拐杖除了用來走路，也是為了防身的需要。」

不論原因為何，七十多歲的史明身體硬朗，拐杖並非必須。或許拐杖只是某種象徵物，象徵著那位激進的海外革命者史明，走入了革命人生的另一個階段。

---

① 史明口述史訪談小組編，《史明口述史》（台北：行人文化實驗室，二〇一三），第三冊，頁一〇三。
② 陳柔縉，《一個木匠和他的台灣博覽會》（台北：麥田，二〇一八），頁六六－六八。
③ 林雅亭，《台灣籐家具的歷史變遷：現況、困境與轉型》（國立台南大學台灣文化研究所碩士論文，二〇一六），頁一八－二八。

No.
35

泳具

史明的泳鏡、泳帽和泳褲，全套都來自泳衣品牌 Arena，這絕對是「巷仔內」的行家選擇。

Arena 創立於一九七〇年代的歐洲，品牌以三片橫放的菱形為商標，象徵魚鱗。八〇年代後 Arena 營運的重心轉移至日本，是國際體育賽事認證的競賽泳衣，日本蛙王北島康介就是穿著這個牌子的泳衣奪下奧運金牌。

史明長年保持游泳的習慣，在日本時就固定每天下午游泳，一九八六年前去東京拜訪史明的陳芳明，就對史明自律的運動習慣留下深刻印象。①回到台灣後，史明的游泳時間改到早上，定期去附近的社區游泳池報到，一游至少一小時，不受天氣或季節影響。

紅色的泳帽、黑色的泳褲，因為長期使用和泳池的氯氣，微微褪色。選擇紅色的原因已不可考，可能是為了在池裡容易被發現吧。畢竟他年紀已大，尤其史明偶爾還會小小任性一下，他曾經有一次突然潛到池底，久久沒有浮出水面，嚇壞了固定陪他的忠哥。不會游泳的忠哥急忙找來救生員，一陣騷動之際，史明悠悠哉哉地浮出水面，一副若無其事的模樣。

日治時期台灣多數中等學校都在校園內設有游泳池，體育課被迫下水是許多中學生共同的回憶。當時對裸露身體比較保守，連男生的泳裝都是全身式，有點類似摔角服，後來才開始流行泳褲。一九〇二年基隆設置台灣首座海水浴場後，或許因為不敵沙灘上的烈日，現存照片裡有不少男學生就打著赤膊僅穿泳褲。②學校的游泳池之外，一九二六年台北東門游泳池的設立，也為大眾提供了戲水空間。

公共游泳池的經營延續到戰後，一九八〇年室內溫水游泳池更是如雨後春筍般出現，③讓定期的晨泳成為壯年人養生的選項之一，甚至許多政治人物也紛紛效法，視為親民的表現。

史明最後一次下水，是在去世前兩個月左右，二〇〇九年日本大病之後，他身體大不如前，已無法如往常般在水中活動自如，即便如此，他仍堅持在池中走走。

史明長期堅持的毅力和恆心，可能是史明人格中最具感染力的部分，別的不說，原本不會游泳的忠哥，陪著歐吉桑時時去泳池報到，不知不覺有天竟也學會游泳了。

潛移默化，才是革命家史明最厲害的法寶。

①〈陳芳明眼中的「史明的身影」〉，網址：https://reurl.cc/qVyk6q（最後點閱時間：二〇二四年七月十七日）

②鄭麗玲，〈游泳課與海浴場〉，《躍動的青春：日治台灣的學生生活》（台北：蔚藍文化，二〇一五），頁二〇〇－二〇九。

③王志弘，〈戲水：人水關係的除魅與返魅〉，《休閒與社會研究》，第七期（二〇一三年六月），頁二一－四九。

No.
36

炸雞

一九七二年，《經濟日報》刊登了一則名為〈肯州炸雞〉的小報導，介紹了美國肯塔基州的特色炸雞。文中描述了七十八歲的「山達士」（Sanders）如何洞察商機，在公路加油站旁開設專賣炸雞的餐廳，最終發展成為遍及全美的連鎖店，為他帶來了財富與聲譽。①

這種「美國南方炸雞」以其多汁鮮嫩的口感聞名，採用高溫油炸技術鎖住肉汁。其成功關鍵在於使用自動炸雞機，能夠快速大量生產，既保留美味又能迅速供應。②

商業頭腦一向動得快的台灣商人，馬上試圖引進這套餐飲模式。一九七四年由

當時養雞協會理事長史桂丁與同業共同創立的「頂呱呱香酥炸雞店」，在台北西門町開業。頂呱呱最初的宣傳，就強調所有的口味與配方，乃至烹調機械都師承美國「肯塔基炸雞」，將「肥肥的雞隻，一隻隻經過去皮、丟骨的處理，用高級油料，急火炸出，香酥可口」，門市還有供應飲料，並有「特製防油包裝盒」供人外帶。③頂呱呱之後，許多本土商家也爭相仿效，一時蔚為熱潮。

一九八四年麥當勞登陸台灣，以美式的「速食」文化改寫了台灣人的用餐習慣。緊隨其後，肯塔基炸雞也於一九八五年春天進軍台灣，由日本三菱商事旗下的日本肯塔基為主導，與統一企業合作。有鑒於之前肯塔基在日本和韓國的成功經驗，肯塔基這次對於台灣市場也充滿信心。④媒體形容這場競爭為「『烘炸雞』空襲『漢堡』」，凸顯了肯塔基與麥當勞在台灣市場的激烈對決。⑤不論誰輸誰贏，都徹底改變了台灣的餐飲文化，美式速食變成年輕學子的最愛。然而高熱量的食物，也替國人帶來健康的挑戰，就像當時報上的醒目標題：「速食店全心發財，學童全身發福」。⑥

然而，不管專家學者怎麼呼籲，美式

炸雞確實成為台灣人日常的一環，除了更名為肯德基的這類跨國連鎖公司，本土品牌也在外來者的競爭下，開發出自己的生存之道。炸雞不僅成為年輕人補充能量的選擇，也成為許多人難以抗拒的慰藉食品。

二〇一四年三月十八日，為了抗議《海峽兩岸服務貿易協議》在立法院的強行通過，學生占領立院，展開近一個月的社會運動。從事件一爆發，史明就密切關注這場活動。他在三月二十五日發表聲明，再三強調「人民抵抗權」的重要，並高呼：「台灣人應該自己做決定，自己管自己的人格是不容置疑的。」

在太陽花現場的史明並不只有革命者的嚴肅面孔，更多的時候，更像是看著自己兒孫輩的阿公。他深怕學生在立院現場吃不飽，想要帶吃的給他們，他第一個想到的是帶生魚片，最後因為生魚片可能不太方便保存和食用而作罷，改買他平日愛吃的炸雞。這成為太陽花學運的過程中為人津津樂道的一幕，炸雞意外成為晚年史明重要的形象，大概是沒有人能料到的。⑦

從新珍味的煎餃到立院裡的炸雞，革命雖非請客吃飯，但確實如史明所反覆強調的，革命的目的是恢復人性，也應該源於人性。

① 媛媛，〈肯州炸雞〉，《經濟日報》，一九七二年九月十三日，第十版。

② 〈新興事業 炸雞炸排骨 講究鬆脆 買一套機器 不學也會〉，《經濟日報》，一九七八年四月三十日，第十一版。

③ 〈美國式炸雞 頂呱呱供應〉，《經濟日報》，一九七四年七月三十日，第七版。

④ 〈美日商社聯手進軍「肯塔基炸雞」明春登陸 將與速食業「短兵相接」〉，《中國時報》，一九八四年十二月二十五日，第三版。

⑤ 〈「烘炸雞」空襲「漢堡」 肯塔基對上了麥當勞 美國速食品搶灘起將起激烈競爭〉，《中國時報》，一九八四年十一月四日，第三版。

⑥ 〈都是漢堡、炸雞惹的禍？速食店全心發財 學童全身發福〉，《中國時報》，一九九〇年三月二十三日，第十六版。

⑦ 史明，《史明回憶錄》（台北：前衛，二〇一六），頁六七七－六八六。

No.
37

電視

在一份一九六二年出版以英國為對象的報告裡，指出電視是「形塑我們對社會道德、心智態度與價值觀最主要且影響深遠的要素之一。」當時，電視正蓄勢待發，準備主宰全球媒體市場。這項論斷預示了電視在未來幾十年的巨大影響力。從一九七〇年代起，電視逐漸成為二十世紀後半葉人們日常生活中不可或缺的娛樂選擇。①

但在電視這項發明剛剛問世時，鮮少有人能完全預期日後電視的發展。電視的發明可以追溯到十九世紀後期，各國科學家試著研究用廣播電波傳送視覺影像的可能，經過一九二〇年代的研發，到了一九三〇年代中期，歐美各國開始提供電視播放的服務，但成果都非常有限，不只硬體設備的技術與成本仍待改良，更重要

的是還欠缺吸引人們觀看的播放內容。

電視真正的熱潮始於戰後，與大眾消費社會的崛起密切相關。一九六〇年代起，隨著電視價格日益親民，加上之後彩色電視出現和各類電視台的成立，電視風靡全球，取代了傳統印刷媒體和廣播的地位。以西歐為例，到一九七〇年，平均每四人就擁有一台電視。②

電視帶來的影響，不是三言兩語所能交代，尤其當電視在很長的一段時間裡已成為日常的必備。歷史學者東尼·賈德（Tony Judt）就觀察到，電視除了提供視覺娛樂外，也把政治動態帶入家中。在電視問世前，政治活動是菁英階層的事，當電視普及後，不僅政治領袖要在螢幕前經營親民的形象，也能直接傳遞事件的現場。電視尤其吸引老一輩的觀眾，他們不用出門也能在家獲得更方便而舒適的娛樂來源。③

日本則是於一九五三年由NHK引進電視，同年誕生了第一家電視台。比較特殊的是，日本電視經歷了從「街頭」走入「家戶」的過程。初期因價格昂貴，日本電視聯播網為了讓民眾體驗電視，在各地車站或鬧區架設公共電視，搭配職業摔角這類運動賽事的轉播，每天都吸引大量的圍觀人潮。一九五五年街頭電視熱潮漸退，一九五八年皇太子明仁和正田美智子的婚約公告成為轉折點，電視普及率驟升。一九五九年四月的皇室遊行轉播成為空前的媒體盛事，一九六四年東京奧運更將電視推上家庭必備「三神器」的地位。

據估計，一九六〇年時日本人平均每天觀看電視三小時又十一分鐘，兒童的時間可能更長。隨著電視逐漸走入家庭，節目內容也隨之改變，血腥的摔角比賽不再適合闔家觀賞，新聞報導、綜藝節目以及職業棒球、相撲等賽事成為播映的主流。④

史明雖少談及電視，但生活在戰後的日本，對電視自然不陌生，在今天留下來的新珍味書房的照片裡，就可看到應該是電視機的一角。⑤身為革命者，又同時要經營餐廳，能坐下來看電視的時間有限，但或許在撰稿的空檔，也會開啟電視，看看新聞，了解時勢。

晚年時，他很常看電視，多半是在用完午餐之後。從他習慣觀賞的節目，可以推測他在日本時期看電視的習慣。他最偏愛的還是NHK，尤其是新聞報導，藉由NHK詳實而廣泛的視野，讓他能快速掌握世界大勢。除了新聞報導外，他也是大相撲的粉絲，一年六個場所的比賽，只有時間允許，史明都不會錯過NHK的現場轉播。

興趣廣泛的史明，據說在錄影帶流行的年代裡，也會看豬哥亮歌廳秀，除了貫徹他和大眾同在的理念，也可能像學者所言，在那些笑鬧之中，看到了台灣常民文化長期「被壓迫的重返」（the return of the repressed）。⑥當然，也不能排除史明單純只是覺得節目好看而已，畢竟電視最主要的貢獻還是在娛樂。或許，革命和娛樂本來就不是沒有交集的平行線，史明就曾改編許多台語流行歌曲的歌詞，當作革命的宣傳，雖然動機完全不同，但和豬哥亮有名的「歪歌」改編，在手法上可能有異曲同工之妙呢。

① Lyn Gorman，David McLean，林怡馨譯，《大眾媒介社會史》（台北：韋伯，二〇〇七），頁一六一。

② Tony Judt 著，黃中憲譯，《戰後歐洲六十年 卷二 繁榮與革命 1953-1971》（台北：左岸文化，二〇一二），頁一八九。

③ Tony Judt 著，黃中憲譯，《戰後歐洲六十年 卷二 繁榮與革命 1953-1971》（台北：左岸文化，二〇一二），頁一八九至一九二。

④ 吉見俊哉，邱振瑞譯，《親美與反美：戰後日本的政治無意識》（台北：群學，二〇一三），頁一六二—一七一。Asa Briggs, Peter Burke，李明穎等譯，《最新大眾傳播史》（台北：韋伯，二〇〇六），頁二八三。

⑤ 史明，《史明回憶錄》（台北：前衛，二〇一六），頁四三七。

⑥ 魏玓，〈重訪豬哥亮歌廳秀：一九八〇年代台灣電視娛樂文化政治的再檢視〉，《中華傳播學刊》，第四十二期，頁九九—一三三。

No.
38

成藥

人們都習慣稱史明為歐吉桑，主要是他在嚴肅的革命實踐者和理論家的面容外，私底下卻又充滿著溫暖，像是親族裡常見的長者。據說史明很喜歡囤藥，有一個小小的箱子，裡面放了各種藥，有些是醫院回診時多拿或未吃完的處方藥，有些則是在藥房購買的成藥，像「正露丸」或「新Lulu」都是他家庭應急藥箱中的常備藥品。遇到周圍有人腸胃不適或感冒症狀，他總是會從小盒子裡，拿藥出來給人服用，並且一副吃下去就沒事的模樣。

革命者多半給人不拘小節的「硬漢」想像，隨身備有成藥，乍看好像有些落差，但仔細想想，在實務層次上，從事地下工作如遇到病痛，先用成藥撐一下，似乎也是合情合理。

正露丸
正露丸
新ルル-A錠
新ルル-A錠

「正露丸」和「新Lulu」這兩種日本成藥，對台灣消費者來說並不陌生。前者用於緩解腸胃不適，後者則為感冒良方，在藥房或藥妝店均可輕易購得。儘管是日本品牌，由於使用廣泛，已成為許多台灣人不可或缺的生活必需品。

這兩款藥品都擁有悠久歷史。正露丸的主要成分木餾油，最初由德國化學家於一八三〇年從歐洲毛櫸樹中萃取而成。因其卓越的殺菌效果，逐漸從外用療傷藥和肉類防腐劑，蛻變為內服藥物，專攻胃腸疾病。一八三九年，它經由日本對外門戶長崎輸入，從初期的代理銷售，逐步發展為日本本土生產的藥品。

一九〇二年，正露丸以「木餾油丸」之名首度亮相。在日本陸軍軍醫學校的大力推廣下，它被視為能在惡劣衛生環境的戰場上發揮奇效，治療各種細菌引發的疾病。大阪藥商中島佐一就獲得了「忠勇征露丸」的藥品營業許可證，並在日俄戰爭（一九〇四－一九〇五）期間，大量配發給士兵每天使用。命名為「征露丸」就是因為「露」是舊時日本對俄羅斯帝國譯名「露西亞」的簡稱，隱含「征討俄國的萬能藥丸」之意。事後證實它並非官方期望的萬靈丹，但在緩解腸胃不適上效果顯著。

正露丸在日俄戰後聲名鵲起，許多藥廠都投入生產，在日本幾乎躍升為「國民藥」的地位。二戰後，基於國際關係的考量，「征露丸」改名為「正露丸」，除了少數例外，各大藥廠也隨之更名，並遠銷韓國、台灣等亞洲國家。

一九五〇年代中期，為了正露丸的商標和專利權，日本藥商界掀起長達二十年的訴訟。起因是一九五四年大幸藥品試圖申請正露丸的專利，即台灣人熟悉的橘底喇叭標誌的喇叭牌正露丸。一九七四年判決確定，大幸藥品可保留商標註冊權，但正露丸不應由單一公司專有。此後，仍有多家藥廠公司生產和銷售正露丸，在包裝設計上，多沿用橘色盒子，中間以紅字豎寫「正露丸」，上方再加入各自的商標。外包裝的設計和藥品本身，都成為日本大眾文化的一環。①

Lulu 則是在一九五一年由當時的三共株式會社推出，命名的靈感來自英語單字「Lull」，意為「(使風暴等)平息」，同時也有像是「緩解(疾病、疼痛)」、「(使小朋友)入睡」的涵義。五〇年代的家庭用藥，一方面多以液體和粉末為主，服藥時要忍受苦味；另一方是以阿斯匹靈或磺胺類藥物為主要成分，副作用較大。Lulu 則是複合多種藥物，降低副作用，並以糖衣錠的形式推出。主要訴求是希望能對各種感冒症狀都有療效，而且連孩童都方便服用的成藥。

不同於正露丸那幾乎未曾變過的「臭藥丸」形象和配方，Lulu 則不斷推陳出新，以易服用和療效為目標，每隔幾年就會有不同的更新，也才會在一九七二年推出「新 Lulu」，錠劑更小，更方便老人或兒童吞食。

一九五三年日本民營電視台開始放送，Lulu 的廣告就開始透過電視播放，廣告曲一直沿用至今，又因為多以女性作為形象代言，被稱為「Lulu 少女」（ルル娘），女演員有村架純就曾經在二〇一五年擔任這個身分，同樣也成為日本大眾文化的一部分。②

聽到史明囤藥或給藥的描述，想必讓人倍感親切。許多人一定都經歷過類似的場景，只不過給藥的角色，從史明變成了自己的親人或長輩。這些成藥有時確實有效，有時仍需就醫，但重要的不是藥效，而是從長輩那邊獲得的信心，那種「一切都會沒事」的安撫。人們願意追隨或圍繞在史明身邊，當然有諸多不同的原因，除了崇高的理念和使命之外，或許更多的是源於這些親切、熟悉的日常互動吧！

當然，千萬別忘了這位和藹可親的老人，可是組織地下工作，試圖推翻威權的革命者，在《史明回憶錄》裡，就收有一張小字條，用疾病治療當作聯絡的密碼，「藥房」是「地方指揮所」、「消炎」是「破壞工作」、「健胃」是「作戰」……總共二十多條，大概要時常留心成藥的人，才有辦法寫下這個對照表。其中，最值得玩味的，是「齒疾治劑」的意思是「組織破壞，可能要逃（SOS）」，只能說牙痛果然最要人命啊。③

① 〈正露丸〉，Wikipedia，網址：https://reurl.cc/Kl46aj 瀏覽日期：二〇二四年八月三十一日。

② 〈ルル（風邪薬）〉，Wikipedia，網址：https://reurl.cc/8X0G5g 瀏覽日期：二〇二四年八月三十一日。〈製品ヒストリー《ルル》〉，第一三共ヘルスケア，網址：//reurl.cc/E6471：https0 瀏覽日期：二〇二四年八月三十一日。〈第20代"ルル娘"に、女優の有村架純さんを起用〉https://www.daiichisankyo-hc.co.jp/content/000036943.pdf 瀏覽日期：二〇二四年九月五日。

③ 史明，《史明回憶錄》（台北：前衛，二〇一六），頁五一九。

No.
39

九谷燒花瓶

走進史明文物館，很難不注意到放置在客廳沙發區牆上的花瓶。它以素雅的米白色為底，上面點綴著不同的色彩，靜靜置放在武者小路實篤「團結就是力量」的題辭旁邊，古樸的外型，散發著雋永的韻味。據敏紅姐回憶，這是史明在日本旅行時購買的九谷燒瓷器。

九谷燒一向以華麗的色彩聞名，用俗稱「九谷五彩」的紅、綠、紫、黃、青五種顏色，上釉彩繪於瓷器，形成濃重的效果。五種顏色之中，以紅彩最為少見。

史明挑選的這只瓷瓶，則可以說反其道而行，不走鮮豔的風格，而是低調內斂的沉穩，有種厚實的持重，雖是新品，卻像極了歷經歲月滄桑的古物，散發著靜觀自得的從容。但若近看細節，五彩一同運

241　　九谷燒花瓶

用，於花紋之中交織著繽紛的色彩，彼此協調，讓看似古樸的花瓶，典雅中隱隱透露著絢麗，曖曖內含光。

史明當然不是胡亂購買，敏紅姐記得當時歐吉桑曾和她提到許多細節，特別是這只作品上色彩應用的獨到之處。但史明畢竟不是專業的藏家或評論家，購買藝術品，靠的還是直覺，或者長期積累養成的品味。

九谷燒於十七世紀的江戶時期，在今日日本石川縣一帶開窯製磁，中間一度停產，至十九世紀重興，成為當地重要的工藝品之一。九谷燒早在一九一二年就進入台灣市場，在當時的《台灣日日新報》即刊登有販售的宣傳，①到了二〇年代，九谷燒往往和同樣出自日本石川縣的名物輪島漆器、高岡銅器一同廣告、銷售，成為家飾商品的選擇。②

推測史明對於九谷燒並不陌生，尤其在早稻田大學時期，和畫家安宅安五郎、文豪武者小路實篤等人交往，雖然沒有留下太明確的紀錄，但那時和這些文人雅士談論日本藝術，建立對於日本文化藝術的了解，③同時也逐漸養成了屬於自己的品味。

「品味」兩字說來抽象，又看似和嚴肅的革命家無涉，卻體現在一個人的一言一行中，待人接物無一不和「品味」息息相關。

理解史明的這一面，對於深入理解他對革命的執著至關重要。

---

① 〈九谷燒と甲賀塗の販賣〉，《台灣日日新報》，一九一二年十二月十六日，第五版。

② 〈新竹 家具類月賦販賣〉，《台灣日日新報》，一九二三年一月二十四日，第四版。

③ 史明，《史明回憶錄》（台北：前衛，二〇一六），頁二四八—二四九。

No.
40

「團結就是力量」

「團結就是力量」這幅題字懸掛在新莊的史明文物館，吸引著來訪者的目光。黑色的墨跡寫在三十五乘四十公分左右的紙上，裱裝在方形畫框內。字跡樸實無華，紙張也已泛黃，沒有龍飛鳳舞的揮灑，空間分布也稍嫌偏右，在書法課上恐怕得不到高分。

然而，這幅字卻散發著難以言喻的魅力。它更像是孩童的塗鴉而非正式題字，彷彿是某人興致勃勃地拿起毛筆在紙上遊戲，但字裡行間又隱約透露出一種堅定的力量。正是這種童心與決心的完美結合，讓這六個字超越了口號的空洞，呈現出一種大智若愚的智慧。

落款「實篤」和用印揭示了作者的身分：日本文豪武者小路實篤。熟悉日本歷

245　「團結就是力量」

史或史明生平的人都能認出這獨特的筆跡，這不是武者小路第一次為史明題字，最著名的是日文版《台灣人四百年史》的封面書名，一撇一捺同樣拙樸率真，每一個字恰如其分地展示著各自的重量。

武者小路實篤（一八八五－一九七六）是日本著名的作家、詩人、畫家和書法家，出身貴族的他曾短暫就讀東京帝國大學，一九一〇年共同創辦了《白樺》雜誌，成為「白樺派」的代表人物。他推崇托爾斯泰思想，醉心「新村運動」，曾在一九一八年實際嘗試建立烏托邦式的「新村」。

武者小路與史明的友誼始於早稻田大學時期，史明未曾細說結識的細節，但忘年之交的兩人意氣相投。武者小路實篤時常邀請史明到他家品嘗日本料理，欣賞藝術品，討論日本文化。這份情誼延續到戰後，一九五二年史明還曾前往日本拜訪他，受到武者小路實篤的款待。①

武者小路實篤在二戰末期轉而支持戰爭，因此在戰後解除了貴族院議員身分。即使史明在一九四二年就前往中國，也不可能完全一無所聞，但在戰後仍與其交往，並不曾於回憶錄提及此事，不僅是老一輩為人處事的厚道，或許更在於他不過分放大他人一時的選擇，而是看重整體人格和後續的改變。一旦以完人的標準去估量每一個人，只會帶來分裂，無法團結，更遑論產生力量。

　武者小路實篤激勵了史明前後世代的許多人，繪製《好小子》的漫畫家千葉徹彌（一九三九－）在自傳漫畫《悠哉日記》提到，武者小路替新村三十五週年紀念的題辭：「於此路，吾生之途無他，唯有行於此路。」（この道より、我を生かす道なし、この道を歩く。）成為他一生的座右銘。②

　這句話同樣能成為史明一生的寫照，或許也道出了他與武者小路實篤相知相惜的原因。

① 史明口述史訪談小組編，《史明口述史》（台北：行人文化實驗室，二〇一三），第一冊，頁七七。史明，《史明回憶錄》（台北：前衛，二〇一六），頁二四八－二四九。

② 千葉徹彌著，錢亞東譯，《悠哉日記》（台北：大辣，二〇二四），頁六三－六六。

史明年表

年分	事蹟
一九一八	十一月九日，出生於台北士林。
一九二五	進入士林公學校就讀，隔年轉學至建成小學校。
一九二八	因舅父施振興過世，被過繼至施家，改姓施。
一九三三	進入台北第一中學校就讀。
一九三六	決心前往東京學習政治，台北一中四年級念完即離家出走。
一九三七	進入第一早稻田高等學院就讀。
一九四〇	進入早稻田大學政治經濟學部政治學科就讀。
一九四二	前往中國參加抗日戰爭，並參與中共地下情報工作。
一九四五	於北京日本大使館認識女友平賀協子。
一九四七	提議成立「台灣隊」，被任命為政治教員。

一九四九	從中共解放區逃離至台灣。
一九五〇	成立「台灣獨立革命武裝隊」，計畫刺殺蔣介石。
一九五二	因密謀刺蔣事跡敗露而逃亡日本，年底於池袋擺「珍味」小吃攤。
一九五四	將珍味小吃攤升級成店面，即今日的「新珍味」。
一九五五	提倡「主戰場在島內」，開始建立島內地下組織。
一九六二	《台灣人四百年史》（日文一版）出版。
一九六七	主導成立「台灣獨立連合會」，試圖串聯日本台獨團體。 「獨立台灣會」公開化，以《獨立台灣》為機關誌。
一九六八	首度潛回台灣，布建地下組織。
一九七一	計畫在與那國島架設電台，將台獨思想傳入島內，後因美國將沖繩歸還日本，NHK 架設電台蓋掉訊號，使計畫付諸東流。 成立「台灣獨立革命軍」。
一九七二	獨台會成員溫連章被捕。
一九七三	獨台會成員鄭評被捕。

一九七四	張維嘉、盧修一等人在歐洲創立「台灣協志會」，與獨台會保持工作關係。 《台灣人四百年史》（日文二版）出版。
一九七五	二度潛回台灣。 獨台會成員徐美被捕。 獨台會決定暫停島內武裝鬥爭。
一九七九	「台灣建國聯合陣線」於紐約成立，獨台會參與其中。
一九八〇	與王秋森、張維嘉、陳婉真、許信良等人合作出版《美麗島週報》。 《台灣人四百年史》（漢文一版）出版。
一九八一	開始巡訪歐美，宣揚「台灣民族主義」、「台灣社會主義」。
一九八二	《台灣大眾》於美國德州創刊。
一九八三	獨台會成員盧修一、前田光枝、柯泗濱被捕。
一九八六	《台灣人四百年史》（英文版）出版。
一九九一	獨台會案爆發，陳正然、廖偉程、王秀惠、林銀福被捕。
一九九三	潛回島內被捕，於記者會上宣布為推翻殖民體制而回台奮鬥。

一九九四	獨台會台北總部、嘉義及高雄聯絡處成立。
一九九五	獨台會台北宣傳車隊成立。
一九九六	台灣大眾廣播電台成立（一九九六－二〇〇一）。
一九九八	《台灣人四百年史》（漢文二版）出版。
二〇〇一	史明教育基金會成立。
二〇〇五	於台大校門靜坐抗議中共通過「反分裂國家法」。 抗議連戰赴中，於高速公路阻擋連戰車隊。
二〇〇九	赴日處理新珍味業務期間因病陷入昏迷，醒來後返台就醫。
二〇一三	《史明口述史》出版。
二〇一四	三一八學運爆發，多次前往立法院現場聲援學生。 《台灣人四百年史》（漢文三版）出版。
二〇一五	史明紀錄片《革命進行式》、《史明的迷霧叢林》上映。
二〇一六	《史明回憶錄：追求理想不回頭》出版。 獲聘為總統府資政。

二〇一七	出席「獨立台灣・百年堅持——史明歐吉桑生日分享會」。
二〇一八	《100歳の台湾人革命家・史明 自伝 理想はいつだって煌めいて、敗北はどこか懐かしい》出版。
二〇一九	出席「革命者史明的最後一堂課」。 九月二十日，逝世。
二〇二一	「新莊史明文物館」於九月二十日開館。
二〇二三	「東京新珍味史明紀念館」於十二月十日開館。

示見 28

革命家的生活寶物——

從新珍味餐館的大滷麵、鳳飛飛的 Mixtape 再到床頭的木刀，閱讀史明的人生故事

作　　者　翁稷安
總 編 輯　陳夏民
特約編輯　沈如瑩
插畫繪製　阿諾
封面設計　萬亞雰
內頁設計　陳昭淵

出　　版　逗點文創結社
地址｜桃園市 330 中央街 11 巷 4-1 號
網站｜www.commabooks.com.tw
電話｜03-335-9366
傳真｜03-335-9303

財團法人史明教育基金會
地址｜新北市新莊區中平路 110 巷 17 號 3 樓
網站｜tw400.org.tw
電話｜02-2363-2366
傳真｜02-8993-1053

總 經 銷　知己圖書股份有限公司
地　　址　台北公司｜台北市 106 大安區辛亥路一段 30 號 9 樓
電話｜02-2367-2044
傳真｜02-2363-5741
台中公司｜台中市 407 工業區 30 路 1 號
電話｜04-2359-5819
傳真｜04-2359-5493

製　　版　軒承彩色印刷製版有限公司
印　　刷　通南彩色印刷有限公司
裝　　訂　智盛裝訂股份有限公司
倉　　儲　書林出版有限公司

電子書總經銷　聯合線上股份有限公司

ISBN　978-626-76060-1-8
初版　2024 年 12 月 1 日｜定價　以書封標示為準
版權所有 · 翻印必究 Printed in Taiwan

國家圖書館出版品預行編目 (CIP) 資料

革命家的生活寶物 / 翁稷安著

初版 _ 桃園市：逗點文創結社
2024.12_256 面 _14.8× 21cm（示見 2 8）

ISBN 978-626-7606-01-8(平裝)
1.CST: 史明 2.CST: 傳記
783.3886　　113015971